espíritus humanos del Otro Lado. De esta y de muchas maneras fue pariente espiritual de Sócrates.

Cuando la joven y dotada médium, Nettie Colburn Maynard vio por primera vez a Lincoln en 1862, se impresionó, como sucedió posteriormente muchas veces, por la profunda pena que se expresaba indeleblemente en su rostro.

"Creo que nunca había visto una cara tan triste en mi vida," dijo, "y he visto muchas caras afligidas. He estado entre familias desconsoladas, niños huérfanos, viudas y hombres fuertes cuyos corazones se han roto por la pérdida de los suyos; pero nunca vi una tristeza tan profunda, que parecía reposar en ese semblante demacrado pero expresivo... él llevaba el mundo en su corazón."

En 1864 la tristeza era aún más aguda. Igual que le sucedió a Sócrates, él empezó a sentir que sus días en la tierra ya estaban contados.

Todo el tiempo que duró la agonía de la guerra, parecía que él había sentido esto. Al recordar su visita a la Casa Blanca, la autora de *Uncle Tom's Cabin* (La Cabaña del Tío Tom), Harriet Beecher Stowe dijo lo que sentía de él "un dolor paciente, agotador y seco que muchos confundieron como insensibilidad" cuando se hablaba sobre la guerra. Cuando ella habló con optimismo sobre el final de la guerra, él dijo prosaicamente sin lastima de si mismo y sin sentimiento, "de cualquier modo que termine, tengo la impresión que no duraré mucho después de que haya terminado."

A principios de Abril de 1865, Lincoln tuvo un sueño extraño e inquieto que desafortunadamente resultó ser una visión profética. En ese sueño, que le contó a su esposa Mary, a su mejor amigo y guardaespaldas el Mariscal Federal Ward Hill Lamon y a muchos otros testigos, como lo grabó Lamon en sus *Recollections of Abraham Lincoln* (Memorias de

Abraham Lincoln) (1895), mientras se encontraba dormido el presidente advirtió primero una quietud sepulcral sobre la Casa Blanca, después escuchó sollozos muy bajos como si mucha gente estuviera llorando. En su sueño, él bajó las escaleras y otra vez escuchó los mismos sollozos lastimosos pero los dolientes eran invisibles.

Finalmente entró en la Sala Este, donde se encontró con una sorpresa deprimente. Ahí ante sus ojos había un sepulcro en el que se encontraba anidado un cadáver con un atuendo funerario y con soldados apostados como guardias alrededor del cuerpo, otras personas lloraban lastimosamente.

"¿Quien murió en la Casa Blanca?" le preguntó a uno de los soldados.

"El presidente" fue su respuesta, "lo mató un asesino."

Entonces, un fuerte estallido de dolor de la multitud lo despertó de su sueño. Profundamente impactado por lo que había presenciado de una manera clarividente, ya no durmió esa noche.

Unos días después, el 15 de Abril de 1865, su sueño profético se realizó —como todos sabemos muy bien— cuando a Lincoln le disparó John Wilkes Booth mientras asistía a una obra en el Teatro Ford y murió la mañana siguiente. El Secretario de la Defensa Edwin Stanton dijo —también proféticamente mientras estaba parado a un lado de la cama del presidente un momento después de su falleci-miento: "Ahora él pertenece a la posteridad."

¿Sabías que Tomás Alva Edison, el inventor Americano más prolífico y espectacular, que descubrió la luz eléctrica, que concibió el fonógrafo, que desarrolló la pila alcalina, que mejoró la película de muchas maneras, que tenía patentes de más de 1,000 inventos creativos, estaba buscando un aparato para tener comunicación con la muerte, cuando falleció? El diseñó y trazó bosquejos de una máquina que recoge, expande y amplifica, las delicadas comunicaciones que los médium sensibles reciben del Otro Lado.

Aunque rara vez hablaba de fe o de religión, Edison, hijo de padres espiritualistas, evidentemente creía en la vida después de la muerte. En su publicación *Diary and Sundry Observations* (Diario y Observaciones Diversas) él reveló su motivación en el desarrollo de una máquina que ayudara a establecer contacto con la llamada "muerte."

"Me inclino a creer que nuestra personalidad podrá afectar la materia en la otra vida," escribió. "Si este razonamiento es correcto, entonces, si podemos desarrollar un instrumento tan delicado que pueda ser influido, movido o manipulado por nuestra personalidad cuando sobrevive en la vida siguiente, ese instrumento, cuando esté disponible, deberá grabar algo."

Puedes argumentar que ya tenemos un instrumento así, en la antigua tabla de la ouija, pero obviamente Edison estaba pensando en un instrumento con una sintonización más refinada, mucho más exacta.

Otra idea más del pensamiento de Edison relacionado con la investigación psíquica nos la da el Dr. Miller Hutchinson, uno de los socios más antiguos e íntimos de Edison. En una conversación con el Dr. S. Ralph Harlow, informó en su libro *Life After Death* (La Vida Después de la Muerte) (1961), el Dr. Hutchinson dijo: "Edison y yo estamos convencidos de que en este campo de la investigación psíquica aún quedan por descubrirse hechos y datos que serán de mayor importancia en el pensamiento de la raza humana que todos los inventos que hayamos hecho en el campo de la electricidad."

Cuando Edison murió muy temprano en la mañana de un Domingo el 18 de Octubre de 1931 a las 3:24 a.m., de una manera misteriosa e inexplicable, los relojes de la oficina de tres de los socios más sobresalientes de Edison, en el Laboratorio Edison, se pararon en la hora exacta de su muerte —¡a las 3:24 a.m.! Además, el gran reloj de pared de la propia oficina de Edison se paró a las 3:27 a.m.— ¡exactamente tres minutos más tarde!

Estos tres socios de su querido amigo Tom no se explicaban el motivo por el que los relojes se habían parado exactamente a la misma hora en sus tres oficinas. El velador del "Lab" Edison, estaba tan sorprendido como todos los demás por el fenómeno y le juró al hijo de Edison que nunca se acercó a los relojes.

Añadiéndole una complicación más al rompecabezas está el hecho de que Edison alguna vez grabó tanto en discos como en cilindros (aparatos de grabación que inventó unos años antes) una de sus canciones favoritas, "Grandfather"s Clock" (El Reloj del Abuelo), que termina con las palabras "...¡Pero se detuvo poco después, para nunca más caminar, cuando el viejo murió!"

¿Porqué tres relojes se pararon a la hora exacta de la muerte de Tom y el reloj de su propia oficina se detuvo tres minutos después? Es un misterio que, hasta la fecha nadie ha podido resolver.

Sin embargo, si crees en la vida después de la muerte, quizás la respuesta es que el astuto anciano Tom Edison, de 82 años al momento de su muerte, pero aún con una mente fuerte y un sentido del humor ocurrente, estaba intentado decirle a sus socios que todavía andaba por ahí —realmente, tal vez estaba intentando decirnos lo que él siempre había creído fervientemente— que nuestra personalidad y nuestro espíritu sobreviven después de la muerte. Aquí, por fin, poco después de que había cruzado el umbral hacia el Otro Lado, había una manera concreta y específica con la que podía demostrarle a todos los que lo querían que aún vivía.

¿Sabías que Johannes Brahms (1833-1897), el famoso compositor de unas de las sinfonías más sublimes del mundo, negó abiertamente que el creó personalmente su propia música, pero en cambio que recibió esos espléndidos acordes y esas exquisitas melodías de sus más grandiosas composiciones de una Fuente Superior mientras estaba en un estado de semitrance?

Antes de confesarle esto a un joven escritor, que había estado intentando descubrir la relación de la inspiración del genio para un artículo, Brahms le exigió al aspirante a escritor una solemne promesa, que cualquier cosa que dijera no se publicaría hasta por lo menos quince años después de su muerte.

Se sostuvo una entrevista de tres horas en la casa de Brahms en Viena a finales del otoño de 1896, menos de seis meses antes de la muerte del compositor. Se transcribió palabra por palabra por un perito estenógrafo de la Embajada Americana en Viena y atestiguado por el ilustre violinista Joseph Joachim que era gran amigo de Brahms. Contiene revelaciones tan asombrosas que se comprende la renuencia de Brahms por que se conocieran estas revelaciones en el mundo escéptico y racionalista en el que vivía.

El joven escritor, un Americano llamado Arthur M. Abell, finalmente publicó la entrevista como parte de un pequeño libro titulado *Talks With Great Composers* (Charlas con los Grandes Compositores), publicado por G. E. Schroeder-Verlag en Alemania Occidental en 1964, sesenta y siete años después de la entrevista. Aunque para mi es un libro alentador, nunca fue un "best seller" y ahora ya no se imprime.

Explicando con mayor detalle que sucedía exactamente dentro de su psique durante el acto creador de la composición, Brahms dice, "...cuando sentía esas vibraciones cósmicas superiores sabía que estaba en contacto con el mismo Poder que inspiró a esos grandes poetas, Goethe, Milton y Tennyson así como a los músicos, Bach, Mozart y Beethoven. Entonces las ideas que estaba buscando conscientemente fluían sobre mi con tal fuerza y tal rapidez que sólo podía atrapar y sostener unas cuantas: nunca pude apuntarlas; llegaban en ráfagas instantáneas y rápidamente se desvanecían a menos que las fijara en un papel. *Todos los temas que perdurarán en mis composiciones me llegaron de ese modo.* Siempre fue una experiencia tan maravillosa que nunca pude animarme a hablar sobre ello —ni a ti Joseph," le confesó a su buen amigo Joachim. "Sentí que estaba, en ese momento, sintonizado con el Infinito y no existe una sensación igual a esa!"

Brahms no es el único genio creativo que admita que la fuente de su inspiración es una fuerza mucho más grandiosa que él mismo.

George Frederick Handel (1685-1759) escribió 41 operas estilo Italiano que fueron populares en su época pero que es raro que se toquen actualmente. A la edad de 53 años, después de haber sufrido un infarto, él cambió y compuso "El Mesías" y al hacerlo llegó a sentirse inspirado de tal modo, que nunca lo había sentido. Algunos críticos han llamado su trabajo la pieza única más grandiosa compuesta por un hombre. Cuando "El Mesías" se estrenó en Londres, la audiencia, incluyendo al rey y a su corte, estaba tan inspirada por el "Coro del Aleluya" que en el punto culminante se puso de pie espontáneamente.

Se encontraba sumamente deprimido antes de empezar "El Mesías," Handel lo creó solamente en 24 días febriles.

No abandonó nunca su habitación, con frecuencia olvidaba comer, algunas veces se conmovía hasta las lágrimas por lo que escribía, en todo el breve lapso de 24 días se sintió electrificado por la fiebre de la creatividad. Agotado y exaltado con la terminación de su trabajo y atemorizado por el hecho de que sabía que era una obra maestra que superaba cualquier cosa que hubiera escrito previamente, le dijo a sus amigos:

"¡He visto el Cielo y al Mismo Dios!"

¿Sabías que Moisés Maimonides (1135-1204) —llamado por la *Enciclopedia Judaica* "la figura más ilustre del Judaísmo de la era post Talmúdica y uno de los más grandes de todos los tiempos... y considerado como *el racionalista supremo*" —a pesar de ello reveló su ferviente creencia en la dicha espiritual del alma en la otra vida?

Como registro de su genialidad como filósofo, médico, abogado, rabino y líder espiritual de su pueblo atestigua elocuentemente, Moisés Maimonides usaba en verdad la frase de Shakespeare, "un hombre de todas las estaciones." Desde su muerte, hace casi 800 años, el legendario prestigio de su grandeza fue conservado vivo dentro de los hogares Judíos por todo el mundo con el dicho popular: "¡De Moisés a Moisés, no hay nadie como Moisés!"

El compromiso de la esperanza en la vida después de la muerte es tan profundo e inquebrantable en el Judaísmo como en el Cristianismo. El comentario de la "Vida Futura" empieza en la *Enciclopedia Judaica* con esta irrefutable declaración: "El Judaísmo siempre ha mantenido la creencia de una vida posterior." Los Judíos Ortodoxos recitan diariamente durante la bendición y después de los alimentos la oración: "Que el Todo-misericordioso nos haga merecedores de los días del Mesías y de la vida en el mundo por venir."

En un pasaje especial del movimiento de la Reforma Judía en su Ministerio de Pittsburg es igualmente firme en su creencia en la otra vida: " nosotros reafirmamos la doctrina del Judaísmo de que el alma es inmortal, cimentando esta creencia en la naturaleza divina del espíritu humano..."

A pesar de que se escribió hace 800 años, el tratamiento de Maimonides sobre la dicha espiritual de la otra vida es mucho más explícito en su Código (Yad, Teshuvah 8):

No hay ninguna manera en que nosotros sepamos o comprendamos en este mundo la gran bondad que experimenta el alma en el mundo por venir, porque en este mundo sólo conocemos los placeres materiales y esto es lo que deseamos... en realidad no hay manera de comparar el bien del alma en el mundo por venir con los bienes físicos de alimentos y bebidas de este mundo.

Como si hubiera tenido una visión de la otra vida, similar a las experiencias cercanas a la muerte documentadas en este siglo por los estudios de los Doctores Raymond Moody, Kenneth Ring, Michael Sabom y otros, Maimonides siguió hablando de "la gran bondad que experimenta el alma en el mundo por venir."

Esa bondad está muy lejos de nuestra comprensión e incomparablemente más lejos de nuestra imaginación.

Del mismo modo que los que experimentan las visiones cercanas a la muerte en nuestra época, él también, encontró tan magnífica su visión de la otra vida que era "¡inefable!"

¿Te sorprendería saber que hace más de dos siglos, uno de los más grandes filósofos, famoso por la claridad y la lógica de su razonamiento, predijo el estrecho espacio de relación de nuestras "almas inmortales" con "las lejanas esferas distantes del sistema cósmico?"

Emmanuel Kant (1724-1804) está considerado como uno de los pensadores más importantes de la época moderna. Fue un profesor distinguido de lógica y de metafísica en la Universidad de Königsberg, tenía gran fama por su estudio filosófico, *Critique of Pure Reason* (Crítica de la Razón Pura). En ese estudio Kant tiene algunas cosas asombrosas que dice sobre la inmortalidad de la humanidad, señalando que nuestro mundo actual es mucho más complejo y limitado de lo que perciben los humanos:

Si pudiéramos vernos a nosotros mismos y a los demás objetos como son realmente, nos veríamos en un mundo de esencias espirituales, nuestra comunidad que ni empezó en nuestro nacimiento ni terminará con la muerte del cuerpo.

Continuando, Kant dijo que a pesar de que lo ignoramos, las comunicaciones con el mundo espiritual ya están dándose:

Algún día en el futuro se demostrará —No puedo decir cuando y donde— que el alma humana ya está, mientras está en la vida de la tierra, en comunicación ininterrumpida con los que habitan en el otro mundo; que el alma humana puede actuar sobre esos seres y recibir a cambio, las percepciones de ellos sin estar consciente de ello en la personalidad ordinaria.

¿Sabías que el hombre de la RFA cuyo mando agresivo y brillante en 1940 salvó a la Gran Bretaña de la invasión de los Nazis, también estaba profundamente involucrado en la investigación psíquica y después se convirtió en autor de cuatro libros notables en el tema de la vida después de la muerte?

La victoria abrumadora sobre Göring del Comandante de Aviación Hugh Dowding y la Real Fuerza Aérea de las flotas de bombardeo Luftwaffe se ha comparado con la derrota de Lord Nelson de las fuerzas marítimas de Napoleón en la Batalla de Trafalgar. Desde el 13 de Agosto de 1940, cuando Hitler decidió invadir Inglaterra, lanzando toda la fuerza de Luftwaffe contra la RFA, hasta el 11 de Octubre en que finalmente canceló su invasión proyectada, —durante casi dos meses de aterradores días y noches de insomnio espantosos— de 500 a 1,000 bombarderos Nazis recorrieron *diariamente* las costas, los aeropuertos y las ciudades Británicas. Bajo las órdenes de Dowding los aviadores de la RFA en aviones de combate Spitfire y Hurricane, ayudados por unidades de radar, interceptaron y derribaron más de 1,700 bombarderos Nazis —¡más de la mitad de la fuerza aérea Alemana! Ese costo eran tan grande que hasta el demente de Hitler, con enojo se dio cuenta que había perdido la Batalla de Gran Bretaña.

Winston Churchill, reconociendo que el Comandante de Aviación Dowding era el autor de esa victoria, le dijo: "Debemos considerar la estrategia militar que aquí se desplegó como un ejemplo de la genialidad en el arte de la guerra."

Haciendo referencia de esos extraordinarios aviadores de la RFA, que fueron inspirados por el valor de su comandante, él les da este tributo famoso: "¡En el campo del conflicto humano nunca se le había debido tanto a tan pocos!" No fue una declaración exagerada. Gracias a sus esfuerzos, Hitler había sido detenido, su invasión propuesta había sido postergada —como llegó a ser— para siempre, y la *¡Gran Bretaña se había salvado!*

La trágica pérdida de la Gran Bretaña fue que de "los Pocos" como llegó a decirse, uno de cada tres aviadores de la RFA —casi 1,000— ¡fueron heridos o muertos!

La pérdida de esos jóvenes valerosos le afectó mucho a Downing. Se destacaba por su atención y su interés por los hombres que estaban bajo sus ordenes. La lealtad y la devoción que le daban a cambio, era el elemento más importante en la victoria de la RFA sobre Luftwaffe. No obstante 449 de sus pilotos de combate, que consideraba como parte de su familia, habían volado hacia su muerte rechazando a los Nazis. Por ese compromiso profundo con esos aviadores, el destino de Downing fue dedicar la mayor parte de su vida al estudio de la evidencia de la vida después de la muerte.

En ese tiempo, desde su retiro a los 60 años hasta su muerte a los 87, él escribió cuatro libros sorprendentes, *Many Mansions* (Muchas Moradas) (1943), *Lychgate* (La Entrada del Cementerio) (1945), *God's Magic* (La Magia de Dios) (1948) y *The Dark Star* (La Estrella Obscura) (1951). Aunque iba en contra de su naturaleza modesta, se convirtió en el personaje estelar de la tribuna en las reuniones psíquicas y espiritualistas — también trabajó estrechamente con un pequeño círculo limitado de gente psíquica dotada —tanto terrícolas como almas del Otro Lado— para aumentar nuestra comprensión de la continuidad de la vida.

En God's Magic escribió:

La comunicación con aquellos que han cruzado la frontera de la muerte y han experimentado realmente las condiciones de las que hablan, es bastante obvio que es un medio de información que sería muy tonto ignorar, con tal de que podamos convencernos de que esa comunicación es posible... Todo lo que yo o cualquier otra gente, podamos realmente afirmar es que la comunicación desencarnada es uno de los métodos más valiosos y prolíficos por el que la humanidad puede alcanzar un acercamiento al conocimiento del otro lado de la muerte física y que los que se niegan a valerse de esta fuente potencial de información están ignorando deliberadamente algo de suma importancia para ellos mismos...

La convicción llega normalmente por una unión casi imperceptible de evidencia que se junta si se estudia continuamente el tema... Perdemos todo el temor a la muerte en cuanto nos convencemos del hecho de la consciencia inmediata y de la vida activa. La prueba de la vida es que es el inicio y no el final del camino.

Si puedes conseguir lo que yo saqué de la comunicación desencarnada, sería algo que alteraría toda tu visión sobre la vida y la muerte y la vida después de la muerte. La simple comprensión de que la vida y la consciencia son continuas en ambos lados de la muerte es de gran importancia. ...La evidencia que me ha convencido... está disponible para cualquiera que se preocupe por investigar con una mente abierta.

La Sagrada Biblia es un verdadero libro de consulta de experiencias psíquicas sobrenaturales, incluyendo la clarividencia a través de sueños y visiones, visitaciones de ángeles y hasta de comunicación directa con Dios. De la infinidad de casos fantásticos del Antiguo Testamento, observemos el caso de Moisés. Como uno de los más grandes profetas Bíblicos, un libertador impetuoso, un donador de la ley y un gran estadista, ¡Moisés es el ejemplo clásico de un hombre inspirado por un Poder Superior para desempeñar un papel en la historia, que supera su capacidad humana y mortal!

La gran epopeya de los relatos Bíblicos de Moisés que condujo a los hijos de Israel de la esclavitud a la libertad de la Tierra Prometida, es una descripción de milagro tras milagro y un diálogo común entre Dios y el Hombre. Yahweh (la palabra Hebrea de Dios) le habló a Moisés desde un arbusto en llamas, diciéndole que su destino era liberar al pueblo Judío de su esclavitud con el Faraón Egipcio Ramsés II. Posteriormente, Yahweh tuvo que enviarle diez plagas al obstinado Faraón antes de que aceptara liberar a los Israelitas. Después, Yahweh guió a Moisés y a sus esclavos refugiados a través del desierto hacia el Mar Rojo, separando sus aguas para que los hijos de Israel pudieran caminar en el fondo del mar, mientras que las tropas Egipcias que los perseguían se ahogaron. Tres meses después, desde lo alto del Monte Sinaí, Yahweh le dio a Moisés los Diez Mandamientos —el fundamento de la nación y la religión de Israel.

Que Moisés llevara a un gran número de gente de la servidumbre a la libertad, fue un acto de liderazgo milagroso y un testamento de su sabiduría y de su casi inagotable paciencia. Sin embargo, alcanzó la culminación en su desarrollo espiritual cuando trabajó como médium al recibir los Diez Mandamientos. A este ser humano increíble inspirado por Dios, le debemos el concepto monoteísta Judeo Cristiano de un Dios trascendente, la convicción de que el asesinato y el robo son crímenes en contra de la sociedad, el rechazo a la adoración de ídolos y de imágenes grabadas como una abominación monstruosa, el Sábado como el día de descanso de la semana para la salud y el bienestar de las clases trabajadoras, los ideales del interés amoroso y de honra por la familia y el respeto por los semejantes. Estos son conceptos cruciales para una comunidad armoniosa, el código básico de las leyes morales encarnadas en los Diez Mandamientos. Aún hoy en día, constituyen la ética básica, aunque aún no realizada, de casi todos los estados Occidentales civilizados.

Igual que el relato de Moisés, la historia de Jesús en los cuatro evangelios del Nuevo Testamento de la Biblia, es otro mosaico de fenómenos tras fenómenos psíquicos fuera de lo normal, formando una imagen de un ser humano amoroso de una increíble belleza. que fue un hermano compasivo para toda la humanidad.

Con un linaje y una herencia Judías, le aseguró a los patriarcas de su cultura, "No piensen que he venido a destruir la Ley o a los Profetas. No he venido a destruir, sino a hacer que se cumplan." De cuando en cuando, repetía en sus enseñanzas los mandamientos del Antiguo Testamento, "Tú amarás al Señor tu Dios" del Deuteronomio y "Tú amarás a tus semejantes como a ti mismo" del Levítico.

Jesús demostró el gran mandamiento de amor con su vida —el amor vivía en él, en realidad, Dios Su Padre vivía en él.

Mientras realizaba sus incontables sanaciones y otros milagros —dándole al ciego su vista, restaurándole al torturado demente la paz de la salud, limpiando al leproso, sanando al lisiado que gozosamente aventaba sus muletas y caminaba, alimentando a la multitud con unos cuantos panes y pescados, regresando de la tumba a la vida a Lázaro— él humildemente le explicaba a sus discípulos que únicamente era un médium del poder de Dios: "el Padre mora en mi, es El el que hace las obras."

Después, le aseguró a sus discípulos con las mismas palabras humildes, "En verdad, en verdad os digo, aquel que crea en mi también hará lo mismo que yo; y hará cosas mayores de las que yo hago..."

Todas sus grandes obras fueron simplemente una demostración de lo que puede suceder cuando el espíritu interno de cada uno se abre verdaderamente al poder total del infinito amor de Dios.

Tres días después de su crucifixión por los Romanos y de su entierro en una tumba, él personificó la verdad de la inmortalidad con su resurrección, el primer postulado sobre el cual se fundó la Iglesia Cristiana.

El mayor milagro de Jesús no fue la iglesia mundial que fue fundada en su nombre —¡el mayor milagro es el hecho de que un ser humano tan increíblemente maravilloso existió realmente!

Para aquellos que dudan de su existencia y dicen que su historia es pura mitología, el filósofo, historiador y escritor de *The Story of Civilization* (La historia de la Civilización), de historia mundial con once volúmenes, ofrece esta respuesta intrigante:

"¡Que si unos cuantos hombres sencillos pudieron en una generación haber inventado una personalidad tan poderosa y atrayente, tan noble y ética y tan alentadora en la visión de una hermandad humana, sería un milagro mucho más increíble que cualquiera que esté registrado en el Evangelio."

En las páginas siguientes, presentaré unos cuantos casos de estudios cuidadosamente elegidos por su meticulosa documentación, que revelarán más el hermoso misterio de la vida y del amor después de la muerte. Espero fervientemente que estos casos con personas de una elevada integridad y de una veracidad irreprochable —más mis propias experiencias— no sólo te ayudarán en tu "incredulidad" sino que finalmente te demostrarán fuera de toda duda que el don más grande de Dios para sus hijos en la tierra es *la vida eterna que radica más adelante para ti, para mí y para todos nuestros seres queridos.*

Los Capítulos 2 y 3 presentan la esmerada investigación de dos figuras muy famosas de la Gran Bretaña que intentaron probar la realidad de la "otra vida" mientras enfrentaban las trágicas muertes de miles de soldados jóvenes durante la Primera Guerra Mundial.

Sir Oliver Lodge profesor de matemáticas y de física, fue un científico muy famoso. En su libro, *Signalling without Wires* (Señales sin Alambres), estableció la base de la comunicación mundial a través de ondas de radio. En sus últimos años usó estos mismos talentos como Presidente de la Sociedad de la Investigación Psíquica para incrementar nuestro conocimiento sobre la vida después de la tumba.

Capítulo 2

Raymond Lodge

Soldado, hijo del eminente científico Sir Oliver Lodge después de su muerte en Flandes, le asegura a su familia que su Vida es feliz en el Otro Lado.

Hubo casi nueve millones de jóvenes muertos en la Primera Guerra Mundial. Los mejores hijos de la Gran Bretaña y de su extenso imperio, de Francia, Alemania, Austria, Hungría, Bélgica, Holanda, Italia, Rusia y de los Estados Unidos —los mejores y los más valientes— fueron asesinados en esa espantosa guerra. Entre ellos se encontraba Raymond Lodge, hijo de uno de los más distinguidos físicos de Inglaterra —Sir Oliver Lodge.

Muerto en acción en Francia, Raymond se trasladó a la siguiente dimensión, después por medio de talentosos psíquicos, médiums que su padre buscó, regresó a la tierra a decirle a sus seres queridos sobre la vida "allá."

Antes de su muerte prematura, Raymond el hijo de Sir Oliver fue un joven brillante, apuesto, jovial con una fuerte facilidad para la ingeniería y la mecánica. Después de estudiar ingeniería en la Universidad de Birmingham, tuvo dos años de aprendizaje especializándose en la Compañía Automotriz Wolseley. Después se unió a una empresa de bujías automotrices llamada Lodge Plugs, Ltd., que fue fundada por dos de sus hermanos mayores.

Cuando estalló la Primera Guerra Mundial, los ejércitos invasores de la máquina militar del Káiser Wilhelm arrasó como una plaga a través de Bélgica y Holanda y después en Francia. Raymond se alistó como voluntario en el Ejército Británico en Septiembre de 1914 y fue nombrado Subteniente en un regimiento de infantería fraccionado, los Lancaster del Sur.

Después de seis meses de un entrenamiento riguroso, fue enviado a Francia al frente. Los seis meses siguientes, a excepción de breves periodos de permiso, vivió en las trincheras y en las zanjas en la línea de fuego. Aprendió a aceptar las partes inevitables de su vida de soldado, las ratas, el lodo y las condiciones espartanas de la existencia bajo tierra. A estas condiciones se le añadía la tensión de los nervios crispados por el bombardeo esporádico y los estallidos intermitentes de las ametralladoras con las consecuencias resultantes. Con el paso del tiempo, empezó el hedor que aumentaba, de los muertos abandonados e insepultos en la tierra de nadie entre los dos ejércitos en guerra.

Las cartas enviadas a su casa eran alegres, atentas, siempre interesado por sus compañeros que estaban a su lado y por su querida familia en casa. Su comunicación con sentido del humor, menospreciándose él mismo y sin un tono de protesta hacia sus seres queridos reflejaban a un joven noble, valiente que, aún en las trincheras se las arreglaba para encontrar el momento que fuera divertido, conmovedor o de algún otro modo, valioso. Hemingway definió al valor como una "gracia bajo presión." La conducta de Raymond Lodge durante esos espantosos meses fue una demostración de esa gracia.

Una mañana, mientras guiaba a sus hombres de las trincheras a la línea de fuego, una descarga de metralleta irrumpió en su espalda, dejándolo terriblemente herido. Unas horas después murió —alrededor del mediodía el 14 de Septiembre de 1915— y lo enterraron a un lado del camino. Su muerte sucedió justamente al año de haberse alistado como voluntario.

Cuando Raymond murió, Sir Oliver Lodge era un científico famoso y líder en muchos otros campos, era un hombre que parecía tener todo. Tenía una esposa adorable y servicial, una familia maravillosa de seis hijos y seis hijas y todos los que lo conocían lo amaban. Además, era respetado y admirado por miles de personas que conocían sus excelentes obras, conferencias y extensos escritos.

Se le otorgó el titulo de "Sir" por su extraordinario trabajo en la teoría atómica y eléctrica, la comunidad científica lo alabó por sus investigaciones sobre los relámpagos, sus conductores y sus dispositivos de seguridad, la electrólisis, la velocidad del ion y las ondas electromagnéticas.

Fue pionero del telégrafo inalámbrico, casi al mismo tiempo que el inventor afamado Guglielmo Marconi. Lodge no sólo había descubierto el principio inalámbrico y había patentizado su invento, sino que también había fundado una compañía para su desarrollo comercial. Como consecuencia, la Compañía Marconi entró en contacto con él, le compró su compañía en 1911 por £20,000 esterlinas y retuvo a Lodge como asesor durante siete años con un salario de £1,000 esterlinas por año.

Era típico del espíritu de Lodge que, al haber descubierto el principio de la telegrafía inalámbrica, estaba listo para renunciar a sus derechos de propiedad, de manera que pudiera ser libre para ahondar en otro misterio fascinante sin descubrir. Entre sus otros intereses estaba la educación, el gobierno, los derechos humanos, los derechos de la mujer, la religión y la investigación psíquica. Durante casi 15 años trabajó como Rector de la Universidad de Birmingham. Era un líder abierto de la Sociedad Británica para la Investigación Psíquica. Como escritor popular en revistas y periódicos intentaba reconciliar las diferencias entre la ciencia y la religión.

Al expresar su creencia en la posibilidad de la comunicación de los terrestres con la muerte, escribió en 1909 un libro, *The Survival of* Man (La Supervivencia del Hombre), acentuando aún más esa convicción. Este libro lo dedicó a los fundadores de la Sociedad para la Investigación Psíquica a la que llamaba "los trabajadores más verdaderos y pacientes en una región desprestigiada de la ciencia." Este libro presentó numerosos informes documentados de fenómenos paranormales desde telepatía hasta supuestas conversaciones con personas del Otro Lado. También incluía su testimonio personal de las sesiones, que él y otros investigadores habían presenciado, durante los momentos lúcidos de comunicación que ocurrieron entre los vivos y los llamados "muertos."

Todo esto era como polvo de luna para sus colegas científicos. Consideraban que el campo psíquico era del dominio de espiritualistas locos y de otros "excéntricos" de la franja lunática. Cualquier intento por investigar científicamente la vida después de la muerte, de algún otro científico respetable de menor categoría a la de Sir Oliver Lodge, hubiera sido despreciada y ridiculizada públicamente.

A pesar de tal oposición, Sir Oliver tuvo el valor de aventurarse "donde los ángeles temen pisar." Debido a su gran categoría como científico, los líderes de esa comunidad no podían intimidarlo; por ser un miembro devoto de la Iglesia de Inglaterra, la jerarquía de la iglesia no se atrevía a intentar silenciarlo. Tanto las comunidades científica como religiosa sólo podían estar en desacuerdo con él, respetuosamente —y algunas veces no tan respetuosamente— mientras él tenazmente seguía con sus investigaciones dentro de este reino prohibido.

Sin embargo, el público lector en general, acogió su libro. Respetaron sus logros como científico y su integridad como Cristiano laico. Se sintieron animados por su comportamiento modesto y amistoso e impresionados por los métodos científicos de la Sociedad para la Investigación Psíquica a la que él pertenecía. Lo admiraban por tener el valor de explorar este territorio prohibido e indefinido, sobre el cual ellos también se habían preguntado. Lo alabaron por buscar una prueba científica de la creencia profesada, extensa aunque nebulosa de la inmortalidad de la humanidad.

Esta gente compró su libro, lo leyó ávidamente, lo recomendó a sus amistades e impulsó las ventas a través de varias ediciones. Evidentemente, el público quería saber más sobre la vida después de esta vida. Esto fue especialmente cierto en la época en que la Primera Guerra Mundial trajo la tristeza de la muerte a millones de hogares.

Cuando Raymond fue asesinado, Sir Oliver de momento se sintió destrozado, como nos sucede a todos, por la pérdida de un ser querido. Al principio, la defunción de su hijo parecía que era demasiado fuerte para soportarla. No obstante, al saber que Raymond estaba vivo en un reino fuera de esta tierra, volvió a tener el valor para seguir en su existencia de este mundo. Ahora más que nunca, se sintió impulsado a demostrar la verdad de su convicción, que la vida continúa después de nuestra estancia terrenal.

¡Si *realmente* había vida después de la muerte, entonces este era el momento de demostrarlo! No sólo demostrarle a sus colegas de la ciencia y de la iglesia lo incompleto que era su conocimiento —sino que era más importante ayudar a todos los millones de personas que deben experimentar la misma tristeza dolorosa por la pérdida de un ser querido que ahora estaban pasando él y su familia.

Quizás, pensó él con humildad, la búsqueda podría también mitigar la terrible pena que lo había sumido a él y a toda su familia en una profunda depresión y había llenado su hogar con un manto de penumbra.

Como científico, Sir Oliver estaba plenamente consciente del predominio de fraudes en los que profesaban ser médiums auténticos. Los médiums talentosos eran tan raros en la época de Lodge como lo son ahora. Las psíquicas talentosas como Leonore Piper y Eileen Garrett, eran igual que los expertos de otros campos, increíblemente desarrolladas, extraordinariamente sensibles y había muy pocas.

Refiriéndonos a toda la gente que afirma que todos los médiums son fraudes, alguna vez el Dr. William James, amigo y colega de Sir Oliver en la investigación psíquica, señaló: "Si deseas alterar la ley de que todos los cuervos son negros, no debes buscar demostrar que los cuervos no lo son, sería suficiente exhibir un sólo cuervo que sea blanco."

Por ello, aunque la mayoría de los médiums sean fraudes, si sólo un médium dotado puede demostrar contactos comprobables con personas que hayan "muerto," eso es suficiente para comprobar el caso de la vida después de la muerte. Leonore Piper, aprobada cuidadosamente por los miembros de la Sociedades Británica y Americana para la Investigación Psíquica y particularmente por el Dr. James, demostró ser su "cuervo blanco" en las investigaciones.

De igual modo, en su búsqueda por una comunicación auténtica con su hijo Raymond "fallecido", Sir Oliver descubrió sus propios "cuervos blancos," la Sra. Katherine Kennedy, el Sr. Alfred Vout Peters y la Sra. Gladys Osborne Leonard. Los tres fueron personas con una honestidad exagerada y una integridad muy elevada.

La Sra. Katherine Kennedy era una médium con el don de la escritura automática. Ella había descubierto este don hacía poco más de un año antes de la muerte de Raymond, cuando su querido hijo Paul había muerto trágicamente en un accidente. Para su gran asombro y felicidad, Paul se las había arreglado para comunicarse con ella por medio de su propia mano vía la escritura automática —o así lo pensó ella. Con temor a estar engañándose ella misma, le escribió a Sir Oliver buscando su guía con respecto a este fenómeno.

Amablemente, Sir Oliver vio a la Sra. Kennedy, leyó los mensajes de su hijo Paul y quedó profundamente impresionado, la animó a que desarrollara su don recién descubierto. El personalmente, la llevó anónimamente con una médium Americana que trabajaba en Londres, la Sra. Wriedt, que le dio una prueba inequívoca de que Paul aún vivía. Meses después, la Sra. Kennedy sola, recibió más confirmaciones de la vida de Paul por otros dos médiums que ella había descubierto. ¡Por una asombrosa coincidencia, ellos eran Alfred Vout Peters y la Sra. Gladys Osborne Leonard! Cuando Sir Oliver le pidió a fines de Septiembre de 1915 que lo ayudara a comunicarse con Raymond ella asintió rápidamente.

Alfred Vout Peters era profundamente perceptivo, un médium en trance altamente respetado y un orador popular que hacía pensar mucho en los círculos espiritualistas de Londres. Había sido un investigador de parapsicología serio por más de dos décadas.

La Sra. Gladys Osborne, a pesar de que sólo tenía 33 años, llegó a ser una de las médiums en trance más confiables durante los siguientes 50 años. No sólo ayudó a mucha gente, como a Sir Oliver y a su familia, sino que después se convirtió en una de las médiums en trance más investigada a fondo y cuidadosamente documentada en los anales de las Sociedades Británica y Americana para la Investigación Psíquica. A pesar de la gran fama que llegó a tener, ella siguió siendo durante toda su larga vida la misma dama atractiva y amable, con dignidad y sentido común que descubrió Sir Oliver cuando él buscó por primera vez su ayuda para comunicarse con Raymond.

En su elección de las tres personas dotadas, a las que Sir Oliver les pidió ayuda para comunicarse con Raymond, no pudo haber sido más afortunado.

¡Raymond llegó a comunicarse!

Utilizando los medios de estos tres médiums dotados, no sólo habló con su padre, su madre y después con sus hermanos y hermanas, sino que también dio una evidencia exacta de su vida pasada y de las condiciones de su existencia presente.

Con su conocimiento de los efectos de la electricidad sobre los químicos, las ondas electromagnéticas y lo inalámbrico, Sir Oliver trabajó con el desarrollo de datos precisos. El llevó este mismo método meticuloso en el estudio de la autenticidad de estas comunicaciones con su hijo fallecido. Cada palabra hablada en todas las sesiones era transcrita con sumo cuidado y después analizada cuidadosamente. El no sólo aceptó como auténticas las cosas que Raymond reveló, que previamente eran desconocidas por los médiums y los demás asistentes de las sesiones, estos puntos se declararon como "material probatorio."

Fue evidente que en numerosas ocasiones, Raymond estaba intentado ayudar a su padre a verificar su identidad. Frecuentemente, Raymond daba voluntariamente información que ni el médium ni Sir Oliver ni los demás asistentes de la sesión tenían ningún conocimiento. Pero sólo después de que Sir Oliver había investigado esta información y encontrado que era correcta la consideraba como una evidencia.

La prueba decisiva del don de un médium, es la exactitud de la información transmitida por el supuesto espíritu del ser contactado en una sesión. No importa que tan trivial o incoherente pueda parecer esta información, la verificación de su verdad o falsedad puede determinar rápidamente si el espíritu comunicador es quien asegura que es.

Entre los detalles evidentes cuya exactitud parecía demostrar la identidad de Raymond son los siguientes:

1. Raymond mencionó el nombre de un colega oficial, un especialista en aeroplanos —un Comandante E. H. Mitchell del Cuerpo Real de Aviación. Era obvio para Sir Oliver, que su hijo hizo esto con un propósito de identificación porque en primer lugar, ni Sir Oliver ni los tres médiums con los que estaba tratando habían escuchado nunca ese nombre. Indagando en las fuentes gubernamentales, resultó que existía el Comandante Mitchell en la fuerza aérea Británica. Cuando Sir Oliver le escribió, el joven oficial de aviación amablemente respondió que había tenido el gusto de conocer a Raymond varios meses antes, estaba apenado por saber de su muerte y le extendió a su familia sus más sentidas condolencias. Un detalle tal vez insignificante pero sin embargo cierto fue que la identificación de Raymond del Comandante E. H. Mitchell era claramente probatoria.

2. En otra ocasión, probando la evidencia de la identidad de Raymond, Sir Oliver le pregunto al supuesto espíritu de

Raymond que deletreara el nombre de cualquiera de sus hermanos. Al principio Raymond deletreó el nombre de NORMAN que a Sir Oliver le parecía ser un error, después siguió deletreando NOEL que fue el nombre de uno de sus hermanos.

Después, discutiendo el asunto con sus hijos Alec y Noel, Sir Oliver se enteró que Norman era en realidad un nombre general para cualquiera o para todos sus hermanos. Raymond era aficionado del hockey y con frecuencia provocaba a sus hermanos con "¡Ve hacia ello, Norman!" o "¡Dáselas, Norman!".

Sir Oliver le había pedido a Raymond que le diera el nombre de cualquiera de sus hermanos y evidentemente la respuesta cubrió a todos ellos. ¿Quien, a excepción de Raymond, podía haber respondido como él lo hizo?

3. Otro pequeño detalle de evidencia indicó que Raymond era el comunicador. En una sesión que estaba presente su hermano Alec, cuando Raymond bromeándolo le recordó que el cumpleaños de alguien estaba cerca, el 25 de Enero, Alec respondió, "¡No tienes que decírmelo!" Era el cumpleaños del propio Raymond. El cumpliría 27.

4. En otra sesión estando Alec presente, Raymond le recordó a su hermano que acostumbraban hablar mucho sobre coches — por cierto nunca se cansaron de hablar sobre coches. Era una pasión de ambos.

5. Raymond bromeó mencionando como presumía que podía cantar. Esto era verdad; él era un cantante bastante bueno. Sin embargo, reconoció que el himno que se cantaba en las reuniones de oraciones no era su única línea, sino canciones como *"Irish Eyes"* (Ojos Irlandeses) y *"My Orange Girl"* (Mi Media Naranja) donde él realmente podía meterse de lleno. Esto era cierto; sólo Raymond pudo haberlo dicho. Cuando Raymond mencionó *"My Orange Girl,"* Alec recordó

con tristeza que había sido la última canción que Raymond había comprado antes de partir a las trincheras.

Tal vez la pieza de evidencia más convincente que demostraba que el Raymond que hablaba en las sesiones era en realidad el hijo de Sir Oliver estaba relacionada con una fotografía perdida, de él con unos compañeros oficiales tomada unas cuantas semanas antes de su muerte.

Ni Sir Oliver, Lady Mary o cualquiera de sus hermanos o hermanas ni cualquiera de los médiums involucrados en el caso de Raymond, sabía nada sobre esta fotografía hasta que Raymond la mencionó durante una sesión anónima con el médium Vout Peters y Lady Mary el 27 de Septiembre de 1915. Le dijo a Peters que había una foto en grupo con él y algunos de sus compañeros oficiales y le dijo que tenía su bastón con él. Peters le recalcó a Lady Mary que "El me pidió en particular que le dijera esto."

Ningún miembro de la familia tenía conocimiento de esta fotografía y la Sra. Lodge después expresó su escepticismo sobre ello, pensando que era sólo una suposición por parte de Peters. No obstante, Sir Oliver minuciosamente hizo su mejor esfuerzo para verificar este trozo de información, pero no tuvo éxito para averiguar ni una sola palabra de ello.

El 29 de Noviembre, Lady Lodge recibió una carta de un perfecto extraño para la familia Lodge —una Sra. P.B. Cheves— cuyo hijo había sido un oficial médico del regimiento de Raymond. Le dijo que su hijo le había enviado media docena de copias de una fotografía de oficiales en grupo y se preguntaba si Lady Lodge tenía esta foto. Si no, con gusto le enviaría una. Le dijo a Lady Lodge que a menudo pensaba en ella desde su gran pena y le expresó su más sentido pésame.

Lady Lodge le contestó de inmediato, agradeciéndole a la Sra. Cheves por su amabilidad y le pidió una copia de la foto.

El 3 de Diciembre, al haber recibido ahora Sir Oliver una clave relacionada con la fotografía perdida, decidió seguir el asunto más adelante en una sesión con la Sra. Leonard. En esta sesión, Raymond describió la foto con más detalle. Dijo cuantos hombres había en la fotografía, —estaban mezclados— oficiales de varias compañías. La foto fue tomada con un cobertizo o una barraca de fondo. Los participantes se encontraban en tres filas, la primera fila de cuclillas en el piso, la segunda sentada en una banca larga y la tercera parada detrás de ellos. El se encontraba en la fila del frente, su bastón a sus pies y el hombre que estaba detrás de él estaba recargado en su hombro.

Deliberadamente, Sir Oliver no le mencionó a su hijo que la foto que estaba describiendo podría encontrarse ya en el correo enviada por la Sra. Cheves; él quería probar si la descripción de Raymond correspondería con la foto real.

El 6 de Diciembre, Lady Mary, revisando el paquete de cosas personales de Raymond que se le había enviado de las trincheras a su casa, se encontraba su diario manchado de sangre con la anotación del 2 de Agosto, "Foto tomada."

El 7 de Diciembre, una fotografía de 9 x 12 llegó procedente de la Sra. Cheves. Era una foto de oficiales en uniforme. Un cobertizo servía de fondo. Había tres filas de oficiales con Raymond en la fila del frente en cuclillas en el suelo, su bastón a sus pies, un colega oficial que estaba justo detrás de él, se recargaba en el hombro de Raymond. ¡Era exactamente como Raymond la había descrito el 27 de Septiembre y con más detalles el 3 de Diciembre!

Evaluando algunos meses después este incidente de la fotografía perdida, Sir Oliver observó gustosamente que era exactamente el tipo de prueba que atentamente buscó sobre la existencia de Raymond. En su cuidadoso estilo restándole importancia, llamó a todo este incidente —el testimonio de Raymond recibido en particular "adquirido sobrenatural-mente"— "algo excepcionalmente bueno como pieza de evidencia."

Hubo otros casos de pruebas probatorias que fueron igual-mente impresionantes. Desde más allá de la tumba, Raymond paciente y alegremente le proporcionó a su amado padre la evidencia material para los propósitos de la investigación psíquica.

Al mismo tiempo para todos aquellos que están interesa-dos en los aspectos humanos y espirituales de la vida de Raymond después de la muerte; en las sesiones, sus comuni-caciones nos daban la imagen de un joven encantador, alegre y amoroso con ingenio, un deseo por hacer bromas alegres y una profunda y constante devoción por su madre, su padre, sus hermanos y hermanas.

Aunque oficialmente estaba muerto y enterrado, con una lápida evocadora en la iglesia que decía, "...muerto en acción en Flandes alrededor del medio día el Miércoles 14 de Sep-tiembre en el año de nuestro Señor 1915," sus comunicaciones revelaron que era un ser humano sumamente sensible y profun-damente espiritual que estaba fascinado con la vida en el nuevo reino más allá de la existencia terrestre.

Aquí están en esencia sus comentarios relacionados con la vida del Otro Lado, transcritos de los diálogos de las sesiones con su padre, su madre y otros miembros de la familia:

Habló de su trabajo con soldados "muertos" y dijo que la guerra aún no había terminado para él:

El primer encuentro de Sir Oliver con Raymond fue en una sesión con la Sra. Leonard después de sólo trece días posteriores a su muerte. Raymond le explicó claramente a su padre que aún sentía el deber de ayudar a sus compañeros soldados que habían muerto en batalla. Encontrándolos despiertos después de la muerte, a menudo aún se sentían acechados por el temor y algunos hasta intentaban ir a pelear. Sentía que su tarea era explicarle a estos soldados lo que les había sucedido y asegurarles que aún vivían, aunque en otro plano.

Alentado por esta declaración, cuando habló en un servicio funerario público tres días después, Sir Oliver pudo cerrar su apología con una expresión firme de fe, "Raymond entró en otra región de servicio ahora… y sabemos que su actividad aún no ha terminado."

En ese momento sólo Sir Oliver y su familia inmediata sabían que esta información provenía del mismo Raymond.

En otra sesión con su hermano Lionel y la Sra. Leonard (Nov. 17, 1915) Raymond repitió lo que consideraba que era su misión inmediata —ayudar y animar a "los pobres hombres que los habían disparado literalmente, al mundo espiritual" y no pudieron comprender lo que les había sucedido.

Aplaudía la investigación psíquica de la supervivencia después de la muerte de su padre, le prometió darle evidencias irrefutables y lo impulsaba para que hablara resueltamente de esa evidencia. Le dijo que le daría seguridad a millones de seres en la tierra y le ayudaría a muchos millones más que se sentían olvidados en el Otro Lado.

Lady Mary también tuvo una sesión con Alfred Vout Peters en la que Raymond alababa la investigación de su padre y prometía ayudarlo a documentar la evidencia para que ésta estuviera fuera de toda contradicción. Hasta ahora, señaló Raymond, la investigación psíquica de su padre, sus obras y sus discursos sobre el tema, han sido en gran parte intelectuales. Ahora, dijo con alegría, lo que su padre escribió sobre el tema será un asunto del corazón y su elocuencia personal llegará a millones de corazones.

En otra sesión, aproximadamente un mes después, con Sir Oliver y el Sr. Peters (Oct. 29, 1915) alentó a su padre a que con todas sus fuerzas y con toda la persuasión de su personalidad llevará a la atención pública su investigación. Le aseguró a su padre que la evidencia irrefutable anularía las objeciones de los escépticos y ayudaría a que la Sociedad para la Investigación Psíquica tomara una posición positiva. Le dijo a su padre que si pudiera ver a todos los hombres y mujeres que se sentían tristemente olvidados en el Otro Lado, porque sus familiares y sus amistades en la tierra no creían realmente en la inmortalidad, se daría cuenta de la importancia de lo que estaba haciendo. Con alegría le profetizó que gracias a la esmerada investigación de su padre, muchos millones tanto de la tierra como del Otro Lado se beneficiarían en su paso y en sus experiencias después de la muerte.

Con frecuencia le expresó su profundo y constante amor por su familia y les rogaba que no se sintieran tristes por él —porque su infelicidad lo hacía sentirse infeliz. Les dijo que se alegraran —como él lo hizo— por el hecho de que aún podía estar con ellos.

Sir Oliver y Lady Mary eran una pareja que se había querido mucho por más de cincuenta años y su amor se reflejaba en la estrecha unión de su familia de doce maravillosos hijos, primero seis hombres y después seis mujeres. Como familia en muchas ocasiones disfrutaron las fiestas, antes de la muerte de Raymond.

Raymond era el menor de los hombres al momento de su muerte, a los 26 años; todos sus hermanos mayores estaban relacionados con la ingeniería, comercio y otras profesiones y sus hermanas ya estaban en la adolescencia o un poco mayores. Todos adoraban a su hermano menor y se sentían destrozados por su muerte.

Antes de su transición, los hijos de Sir Oliver, incluyendo a Raymond, habían demostrado un poco de interés en las indagaciones de lo paranormal y de la vida después de la muerte de su padre. Estaban involucrados en ocupaciones juveniles con una satisfacción más física como el hockey, tenis, velear, sus coches nuevos, viajes al extranjero, las últimas canciones populares, los nuevos bailes y otros pasatiempos recreativos de su clase social elevada.

Después de la muerte de Raymond, se interesaron en el tema de la supervivencia humana. Las primeras sesiones con Raymond y las discusiones familiares subsiguientes ayudaron a que los niños Lodge restantes se reconciliaran con el hecho de que Raymond ya no estaba físicamente con ellos.

Aproximadamente un mes antes de Navidad (Nov. 26, 1915) en una sesión con Lady Mary y la Sra. Leonard, Raymond expresó lo feliz que era y mucho más porque su querida madre también era feliz —en particular ahora que parecía estar convencida de que aún vivía. *El no podía ser feliz cuando ella estaba infeliz,* le dijo a ella.

Raymond le ofreció hacer un trato con ella —le prometió que estaría con toda la familia el Día de Navidad *con tal de que no hubiera tristeza o sollozos.* Bromeando le dijo, *que él no quería ser un fantasma en la fiesta. El no quería ver más caras largas, o lágrimas o escuchar comentarios tristes.* ¡Le suplicó a su madre que restableciera los ánimos de la familia ahora que sabían que aún vivía!

Cuando su madre valerosamente le prometió que todos brindarían a su salud y su felicidad el Día de Navidad, le rogó que estuviera con ella a su lado, regresándolcs el brindis y deseándoles a todos sus mejores deseos y una gran alegría.

Aproximadamente una semana después (Dic. 3, 1915) en una sesión con Sir Oliver y la Sra. Leonard, Raymond le volvió a asegurar a su padre que era feliz, después bendijo a toda su familia y le dijo a su padre cuanto lo amaba. Dijo que no podía expresar adecuadamente lo que sentía —se sentía tan lleno de amor que no podía encontrar las palabras para expresarlo— ¡y se sentía muy afortunado porque aún podía estar con su familia!

En otra sesión con su padre y la Sra. Kennedy dos semanas después, Sir Oliver le mencionó a su hijo que la Navidad ya estaba cerca. Raymond dijo que él esperaba estar con la familia todo ese día pero le advirtió a su padre que él debía hacer su mejor esfuerzo por mantener el ánimo o lo heriría horriblemente. El dijo que sabía lo difícil que era pero todos en la familia debían saber ahora que él estaba muy bien —¡no sólo vivo, sino feliz y excelentemente bien!

Desafortunadamente, Raymond comentó con tristeza, que habría miles y miles de soldados que partieron igual que él, de regreso a sus hogares ese día y que no serían bien recibidos simplemente porque sus seres queridos no se daban cuenta que aún estaban vivos. ¡Estaba tan agradecido con su familia porque ese día mantenían un lugar para él! Al terminar la sesión, una vez más bendijo a su padre y le envió su amor a la familia, dijo que debía irse ahora —y repentinamente se fue.

El afectuoso amor que Raymond reflejaba en esas sesiones por su familia también se expresó en otras ocasiones. Raymond demostró su sensible conocimiento de lo que los miembros de su familia estaban haciendo —señalando sus ansiedades, enfermedades y penas así como sus alegrías y éxitos. *¡Es evidente que Raymond aún después de muerto se mantenía con una comunicación cercana con su familia!*

Habló de las condiciones de su nueva vida y estaba sorprendido y complacido por las similitudes físicas entre su nueva vida en el siguiente reino y la vida en la tierra.

En una sesión con su hermano Lionel y la Sra. Leonard, Raymond le contó que era un sitio feliz, el que descubrió que era su nuevo hogar. Estaba sorprendido y complacido por las similitudes físicas entre su mundo actual y la vida en la tierra.

Le relató como lo recibió primero su Abuelo William y después muchos otros parientes que parecían tan reales y visibles sólidamente como la gente de la tierra. Los encontró que eran tan amables y amorosos como siempre los había recordado que eran.

Siguió diciendo que ahora vivía en una casa con árboles, matorrales y flores a su alrededor y estaba sorprendido por el hecho de que su nueva habitación y los terrenos a su alrededor y más lejanos parecían tan sólidos y substanciales como en la tierra. No parecía haber nada de fantasmal o etéreo alrededor de esta nueva existencia.

Estaba tan fascinado con su nueva vida que no iba a querer regresar a la tierra.

En un orden consecutivo con su padre y la Sra. Leonard, habló que encontró mucho más interesante la vida donde se encontraba que la del viejo plano terrenal. Había tanto para estudiar y aprender y todo era tan fascinante que no le gustaría regresar por nada del mundo. Le dijo a su padre que esperaba que no pensara que era egoísta de su parte decir eso, y también esperaba que no pensara que quería estar lejos de sus seres queridos de la tierra. En realidad, dijo, se sentía más cerca de ellos de lo que se sentía antes. Todo era tan interesante donde estaba que no desearía estar en ningún otro lado.

En una sesión con su hermano Alec y la Sra. Leonard, Raymond comunicó que su nuevo reino era asombrosamente variado y maravillosamente real. Todos los días, dijo con alegría, descubría nuevas cosas. Podía ir a donde deseara y encontrar a cualquiera en cualquier momento — sólo tenía que pensar en ellos y podía estar con ellos. Había todo tipo de cursos y demostraciones y otro tipo de aventuras educativas, de modo que las oportunidades para el propio desarrollo intelectual y espiritual parecían ser interminables.

Dijo que había ido a una biblioteca con su Abuelo William y encontró que los libros eran similares a los de la tierra —con una diferencia extraordinaria. Había muchos libros que aún no se habían publicado en el plano de la tierra y muchos de estos eran mucho más avanzados y complejos que cualquier libro de la tierra. Se le informó que la sustancia de algunos de estos libros —los menos complicados— se imprimirían posteriormente en las mentes de los autores terrestres receptivos y por ellos llegarían los libros a la tierra.

Habló de los valores éticos de este nuevo reino y de una ley común de justicia que ahí se encontraba.

Cuatro meses y medio después de su partida de la tierra, en una sesión con Lady Mary y la Sra. Leonard (Feb. 4, 1916), Raymond comentó sobre los valores éticos de este nuevo reino.

No había jueces o jurados en el Otro Lado, le dijo a su madre. Lo semejante atrae lo semejante y tu simplemente gravitas donde perteneces.

Si trataste de vivir una vida decente, intentando una vida compasiva e inofensiva en la tierra, se te concede el privilegio de vivir en una comunidad de armonía y de paz en el Otro Lado. Tu terminas cerca de aquellos por los que sentías un cariño, en una comunidad de gente con la que te sientes mental y espiritualmente en casa. En este medio feliz y reparador puedes desarrollar más las mejores cualidades que están en tu interior.

Por otro lado, el malo, el egoísta y el ambicioso, en su graduación del plano terrenal, en la línea de que lo semejante atrae lo semejante, se encuentran viviendo en medios con seres igualmente malos, egoístas y ambiciosos en una atmósfera que fuera un triste reflejo de sus propios corazones vacíos. Aquí podrán permanecer hasta que elijan enmendar sus caminos.

Raymond citó casos de algunos jóvenes egoístas cuyas vidas terrenas se habían dedicado al vicio y a la ambición. En el Otro Lado, se encontraron junto a otros con un espíritu semejante en un sitio espantoso, al que Raymond dijo que estaba feliz de no haber tenido que ir. Estaban absolutamente aburridos y terriblemente infelices unos con otros y con ellos mismos en su nuevo hogar, que no era exactamente el infierno sino que era más como un reformatorio. Pero no estaban condenados eternamente a permanecer en esta cuarentena infernal. Todo lo que tenían que hacer era volver a pensar en sus vidas y tener una aspiración por algo más noble —quererlo realmente en sus corazones— entonces serían guiados a la forma para lograr tales cambios. Al hacerlo, serían asistidos por almas más avanzadas de planos superiores.

Tus logros terrenales de riquezas materiales, prestigio y poder sociales se valoraban en el Otro Lado, sólo hasta donde hubieras utilizado estos privilegios especiales por el bienestar de otros. Lo que realmente importaba era que tan humanamente hubieras vivido como terrestre, que tan amable y generosamente habías tratado a otros. Esto, como lo veía Raymond, era la norma ética más importante del Otro Lado.

El descubrió que no había deslealtad ni injusticia en su nuevo reino. En cambio había una ley común de justicia que operaba del mismo modo para todas y cada una de las personas —y que había otra razón del porqué amaba su vida en el Otro Lado.

Habló de la vida en el tercer plano, de estudiar en planos
superiores y de las oportunidades para el desarrollo del ama
y el crecimiento espiritual en estos planos superiores.

En la misma sesión con Lady Mary y la Sra. Leonard (Feb. 4, 1915), Raymond le explicó a su madre que había diferentes planos fuera de este plano terrenal —tantos, que son diez los que conocemos— y estos planos estaban en niveles ascendentes del desarrollo del alma.

Los primeros dos planos fuera del plano terrenal eran para gentes terrestres que sus corazones aún no estaban listos para buscar un desarrollo más elevado. El estaba en el tercer plano —llamado por muchos "Tierra de Verano" o "Tierra Natal," porque se parecía a los aspectos más hermosos y mejores del plano terrenal. El me había dicho que ahora podía subir al cuarto plano cuando lo quisiera, pero no lo había hecho aún porque se sentía muy en casa donde se encontraba.

En otra sesión le dijo a sus familiares que había estado asistiendo a conferencias en lo que ellos llamaban "salas de aprendizaje" en el quinto plano. Explicó que podías prepararte tu mismo para los planos superiores mientras vivías en los inferiores.

Algunos de sus maestros, el dijo, llegaron a él del séptimo plano. Estos guías maravillosos, que eran avanzados, le estaban enseñando como instruir a otros en los planos inferiores sobre la manera para ampliar sus horizontes y empezar a trasladarse hacia arriba. También se le daban lecciones de concentración y de proyección de pensamientos iluminados a los del plano terrestre. Al haber estado en el cuarto, quinto y sexto planos descubrió que cada uno era más hermoso y alentador que los anteriores.

Habló de su visita al plano más elevado y de su encuentro con la irradiación de Cristo.

En la sesión que se mencionó previamente Raymond le dijo a su madre con una voz de asombro, que recientemente había sido escoltado por sus guías para visitar el plano más elevado —un sitio tan maravilloso que era bastante indescriptible— ¡y aunque parezca increíble, había visto y escuchado al mismo Cristo!

Aunque lo vio a El brevemente y a cierta distancia, llamó a la experiencia la cosa más maravillosa que nunca le hubiera sucedido. Cristo estaba vestido con una indumentaria brillante, su voz era ''como una campana'', pero sobre todo, cuando los hermosos rayos de su ser brillaron sobre él, se sentía conmovido y exaltado más allá de cualquier cosa que hubiera conocido.

Después se encontró a si mismo de regreso en el tercer plano en la ''Tierra de Verano,'' aún estaba tan cargado con su irradiación espiritual que se sentía que podía detener ríos y mover montañas y que estaba inundado con una felicidad que todo lo consumía.

Posteriormente le preguntó a sus guías, si a Cristo podían verlo todos igual que lo acababa de ver él y se le dijo que no todos podían verlo casi del mismo modo —pero que Cristo era una especie de proyección —algo como esos rayos— estaban en todos lados en el espíritu. Añadieron que había algo de él para la gente de todos los planos incluyendo el plano terrenal, si se le pedía su ayuda.

El le dijo con júbilo a su madre que ella y su padre podían estar seguros de que *realmente* había un Cristo, un Cristo *vivo*, y aunque a él le pareciera increíble ¡ a él se le había permitido ver y escuchar a este hermoso y maravilloso ser!

Como científico e investigador "probatorio", Sir Oliver discutió con él mismo si incluía este incidente Cristológico en la crónica de la vida de su hijo después de la muerte. Se dio cuenta que era un material completamente incomprobable. Conocía muchos psicólogos escépticos que lo etiquetarían o como una alucinación histérica o una demencia incurable y ciertos clérigos vinculados al dogma lo denunciarían como una herejía blasfema.

No obstante, Sir Oliver decidió que debía incluir la revelación subjetiva y personal de Raymond en su documentación. Sin tener en cuenta lo que la crítica pudiera decir, constituía un punto de referencia importante de su hijo la descripción del desarrollo espiritual en el Otro Lado.

Para los que son Judíos, Musulmanes, Budistas o de alguna creencia que no sea Cristiana. deben comprender que la enseñanza religiosa terrenal de Raymond, igual que la de sus padres era la Iglesia Protestante Cristiana Inglesa; era bastante natural que en su búsqueda espiritual inicial en la siguiente dimensión, se sintiera atraído al Cristo de su propia herencia religiosa.

En circunstancias similares, uno de religión Judía podría ser atraído hacia Moisés, Abraham, Isaías o Elías, o un Budista a Buda Gautama, o un Musulmán a Mahoma, en busca de su iluminación espiritual. Esto demostró ser el caso en las experiencias cercanas a la muerte discutidas en el Capítulo 6.

El dio muchos otros comentarios sobre la calidad de vida en la siguiente dimensión —incomprobables, pero corroborados en investigaciones previas.

Sir Oliver tenía la tendencia de aceptar muchas de las observaciones de Raymond como ciertas, a pesar de que eran incomprobables, por una razón impresionante: muchas comunicaciones previas de terrestres fallecidos eran similares a los descubrimientos de Raymond.

Aquí damos la esencia de puntos adicionales de Raymond que se dieron sobre su vida después de la muerte, resumidos de los diálogos de muchas sesiones:

El sentimiento de amor entre los hombres y las mujeres en la tierra perdura en la siguiente dimensión.

La cercanía de las familias también se conserva en el Otro Lado.

Los lazos familiares siguen manteniendo juntos a sus miembros.

No se alimenta como en la tierra, pero se sostiene con un alimento menos material.

La noche no le sigue al día como en el plano terrenal. Parecía que había menos luz cuando sentía que quería descansar y parecía ser una cuestión de pensamiento.

La comunicación a menudo se realiza de alma a alma y de mente a mente —no sólo a través de palabras. Por eso el lenguaje nunca fue una barrera.

Su cuerpo era semejante al que tenía en la tierra, pero era más ligero y mucho más ágil. Exteriormente, se veía igual para los que lo conocieron en la tierra, pero podía movilizarse con mucha mayor libertad y viajar a cualquier lugar a voluntad, simplemente por medio del pensamiento.

Los soldados que conoció que habían perdido sus miembros, o habían sido heridos de otro modo en la guerra, ahora estaban totalmente restaurados. No había cuerpos mutilados o lisiados, ni ciegos, sordos o mudos en el siguiente reino. En la muerte, te despojas de tu cuerpo físico terrenal y tu cuerpo astral nuevo era perfecto.

Desafortunadamente, no había tal moral repentina o transformación espiritual del alma de una persona des- pués de su muerte. Si tu vida en la tierra se había consagrado a la adquisición material, el egoísmo y la ambición, finalmente tendrás que enfrentar su vacío en el Otro Lado. Por otro lado, si tu alma ha buscado el crecimiento en la bondad y perfeccionarse a si misma al amar y cuidar a otros, felizmente continuarás ese creci- miento y ese desarrollo en el siguiente reino.

Cuando se traslada uno hacia arriba en los planos fuera de la tierra, se toma un nuevo ánimo para aprender, para el desarrollo interno y para el crecimiento espiritual. Las oportunidades para tal crecimiento eran fascinantes, de- safiantes y con un alcance infinito.

El historial de estas comunicaciones se encuentra en el libro de Sir Oliver *Raymond or Life and Death* (Raymond o La Vida y la Muerte), publicado tanto en Londres como en Nueva York en 1916 y una edición posterior se llamó *Raymond Revised* (Raymond Revisado) (1922).

Sir Arthur Conan Doyle, que estudió y trabajó como médico, alcanzó tempranamente la fama como escritor de relatos de la época de la guerra. Sin embargo, se le recuerda más por sus ingeniosas historias de detective en las que el imperturbable Sherlock Holmes es la figura principal. En los últimos años Sir Arthur usó sus asombrosas habilidades para desenredar el misterio, para separar la verdad de la falsedad, en el estudio de la investigación psíquica.

Capítulo 3

Sir Arthur Conan Doyle

Sir Arthur Conan Doyle revela algunas respuestas fascinantes de la pregunta "¿Cómo es la Vida en el Otro Lado?" Basadas en cuarenta años de investigación psíquica en casos documentados, auténticos.

Casi todos recordamos hoy en día a Sir Arthur Conan Doyle, principalmente por su famosas historias del detective Sherlock Holmes, que aún tienen a millones de lectores fascinados y muchos millones más cautivados en las películas y en la televisión. Muy pocos tenemos conocimiento del hecho de que el mundo psíquico se convirtió en un tema central en la última parte de su vida.

Por 1920, con gran disgusto de sus amigos incrédulos, Sir Arthur se había convertido en un líder abierto del reino psíquico y tal vez en el espiritualista más conocido y con mayor publicidad, no sólo en Inglaterra sino en todo el mundo.

En esta época, Sir Arthur todavía era un hombre fuerte y apuesto de 61 años, con más de seis pies de altura, hombros anchos y de aspecto atlético. Su rostro rozagante con rasgos marcados, cubierto por una barba castaña entrecana, pómulos pronunciados, mandíbula fuerte y ojos azules penetrantes le daban un semblante de caballero Celta de un libro de cuentos. Distinguido y con buenos modales, encantador y amistoso, tenía un corazón maravilloso y cordial que instintivamente atraía hacia él a la gente. Era indudablemente uno de los hombres más queridos de Inglaterra, a pesar del hecho de que las críticas, los escépticos y hasta muchos admiradores pensaban que "había perdido los estribos" con el tema de la vida después de la muerte.

Pasando por alto toda la crítica, tomó como misión personal durante todos los años veinte, recordarnos que toda la vida sigue felizmente en el Otro Lado, para casi todos nuestros seres queridos que ya se han ido.

"¡Recuerden, no están muertos!" constantemente le decía a su gran público en el salón de conferencias por toda Gran Bretaña y en las ciudades más importantes de Europa, E.U., Canadá, Australia y Nueva Zelanda, además de muchas partes de Africa. "¡Ninguno de nosotros morimos! La muerte no debe temerse. Simplemente es otro paso del desarrollo de nuestra alma en otro plano. ¡No existe la muerte!"

Junto con su colega y querido amigo Sir Oliver Lodge, Sir Arthur probablemente sabía más en 1920, sobre el reino psíquico y la posibilidad de la vida después de la muerte, que ningún otro ser viviente.

No obstante, cuarenta años antes había sido un incrédulo total.

Mientras estudiaba medicina en la Universidad de Edimburgo en 1880, escuchó su primer conferencia sobre el tema "¿La Muerte es el Fin de Todo?" con un psíquico de Boston. Su respuesta mental de la plática fue deshechar la idea de vida después de la muerte, como si fuera pura imaginación y fantasías. No obstante, por su creatividad como escritor quedó intrigado por la idea.

Cinco años después, cuando fundó una clínica médica en Southsea, Inglaterra, él y su esposa Luisa, asistieron a varias fiestas sociales que se ocupaban en sesiones de telequinesia con la mesa y con la ouija, así como a sesiones más serias con médiums. El siguió con su escepticismo, pero estaba tan plenamente cautivado, que en todas estas reuniones tomó una gran cantidad de notas que permanecieron en sus archivos hasta el día de su muerte.

Durante los últimos años de mil ochocientos ochenta y mil ochocientos noventa, mientras creaba una corriente estable de novelas de gran venta, los misterios de Sherlock Holmes, más varias novelas históricas de éxito, también siguió asistiendo a las sesiones, aún como detective escéptico pero fascinado.

Durante esos años literarios productivos, como pasatiempo leyó con avidez todos los libros y los artículos que encontraba sobre el tema del fenómeno psíquico. Estaba asombrado por la cantidad de testigos respetables y hasta famosos, que fueron casos convincentes en la evidencia psíquica de la vida después de la muerte. Algunos eran científicos distinguidos como Sir William Crookes, el descubridor del elemento talio y el inventor del tubo de Crookes, el primero en emitir rayos-x, que escribió *Psychic Force and Modern Spiritualism* (La Fuerza Psíquica y el Espiritualismo Moderno) (1871).

Cuando ingresó a la Sociedad para la Investigación Psíquica de Gran Bretaña en 1891, él leyó atenta y solícitamente cientos de casos de fenómenos psíquicos documentados cuidadosamente y transcribió con un estenógrafo las comunicaciones entre los vivos y los "muertos." Su escepticismo lo hizo dudar aún más. Posteriormente le expresó a la Sociedad su profundo agradecimiento por su "incansable dedicación," "su sobriedad en las declaraciones," y "su trabajo metódico e incansable," "que ahora me ayudó a darle forma a mis pensamientos."

En 1900 se ofreció servir de voluntario como médico civil sin sueldo, en un hospital patrocinado confidencialmente, que atendió a los heridos y enterraba a los muertos del frente de batalla Sudafricano, durante los ocho meses críticos de la Guerra de Bóer. Infaliblemente, la muerte de muchos heridos que no pudo ayudar le afectó.

Su búsqueda previa de una respuesta del mayor misterio del mundo estaba fuera de la curiosidad científica. Ahora tomaba una importancia más profunda. ¡Si tan sólo pudiera escribir con autoridad y convicción a las viudas y a los padres de estos jóvenes caídos, asegurándoles que sus valientes seres queridos aún vivían! Pero sin embargo, aún no estaba seguro.

Cuando perdió a Luisa, su primera esposa en 1906, después de 21 años de matrimonio compatible imposibilitado por los 13 años de enfermedad de Luisa con tuberculosis, le escribió a su madre que Luisa había sido la persona más generosa, alegre y amorosa que hubiera conocido. Ahora por primera vez en su vida se enfermó gravemente el atlético, incansable, jinete, jugador de criquet, golfista y boxeador aficionado. Perdió todo su ánimo de vivir, se volvió insomne, sufrió un caso terrible de nervios, se hundió en la depresión más profunda y letárgica y durante seis meses, fue un extraño para si mismo, su familia y sus amistades.

La muerte de Luisa subrayó más su necesidad de una respuesta de la pregunta definitiva, a donde vamos después del breve lapso en la tierra. Aunque él había tenido 13 años de advertencia, durante el confinamiento de Luisa por ser una invalida tuberculosa y que su fin en la tierra podía ser el mes siguiente o hasta el día siguiente, cuando finalmente partió sin dolor a las 3 a.m. el 4 de Julio de 1906, a los 49 años, él no pudo evitar la pregunta: "¿Porqué? Y ¿A donde? ¿Adonde fue ahora su espíritu dulce y amoroso?"

No tenía una respuesta verdadera, simplemente *tenía* que creer que el espíritu valiente y generoso de su querida esposa tenía que estar en alguno otro sitio y no en el cuerpo sin vida en la tumba. Sin embargo, él aún no estaba seguro que todos sus amigos psíquicos tuvieran la respuesta completa de la vida después de la muerte.

Catorce meses después se casó con Jean Leckie, una mujer encantadora que había sido su amiga afectuosa por más de una década. Tenía una belleza extraordinaria con cabello rubio obscuro, ojos verde avellana, una tez blanca y delicada y una atractiva sonrisa amistosa, también tenía muchas habilidades. Ella era una cantante excelente, una amante del arte y la literatura, una experta amazona y practicaba deporte. Al mismo tiempo estaba profundamente interesada en los asuntos del mundo y en asuntos espirituales y religiosos.

Los cientos de amigos de Sir Arthur del medio literario, político y social estaban encantados por su belleza, su simpatía extrovertida y su gran inteligencia. Su madre la adoró, no sólo porque era una persona refinada y era su nueva hija amorosa, sino también por el atractivo y la gentileza que trajo a la vida de su hijo.

Pero lo más importante es que Jean adoptó a sus dos hijos —Mary Luise que entonces tenía 18 años y Kingsley 15 años— como si fueran propias. Después, ella le dio dos hijos más y una segunda hija —y se involucraron todos en sus aventuras psíquicas.

A medida que evolucionaba su matrimonio, Sir Arthur y Jean descubrieron con gran deleite que tenían más cosas en común, uno con el otro que con cualquier otra persona que cada uno hubiera conocido. Eran tan parecidos de tantas maneras, que casi parecía la contraparte femenina de su espíritu masculino; era una unión maravillosa, ¡el encuentro amoroso íntimo y tierno de dos verdaderas almas gemelas!

Sólo tenían una pequeña diferencia emocional e intelectual; durante los primeros años de estar juntos Jean consideró sus estudios psíquicos peligrosos y en ocasiones aterradores.

La Gran Guerra terminó bruscamente con esa diferencia. Cuando Europa explotó en un combate mortífero en Agosto de 1914, Sir Arthur estaba reclutado por el gobierno Británico para escribir como sucedió la historia durante los cuatro largos años. Esto se convirtió en una asignación agotadora de 16 horas al día, que lo llevó al frente en varias ocasiones y se transformó en una crónica imponente de seis volúmenes.

Durante esos años catastróficos de guerra de 1914 a 1918, todas las grandes naciones de Europa y finalmente los Estados Unidos y Canadá quedaron destrozados por la matanza de sus mejores hombres —casi 9 millones muertos y más de 37 millones heridos, muchos de los heridos estaban tan cruelmente mutilados que hubiera sido más misericordiosa la muerte. Fue el exterminio más atroz de vidas humanas de cualquier guerra de la historia de la raza humana a excepción de la Segunda Guerra Mundial con más de 15 millones muertos o desaparecidos en combate, más seis millones de Judíos y cinco millones de otros diferentes destruidos por el holocausto Nazi.

Durante ese periodo, 1914-1918, cuatro sucesos devastadores afectaron la vida psíquica y espiritual de Sir Arthur y Jean.

Durante el primer mes de la guerra, Malcolm, hermano de Jean, fue muerto en la batalla de Marne. En ese momento Jean y Sir Arthur estaban cuidando bondadosamente en su casa, a una mujer enferma —una psíquica dotada y escritora automática llamada Lily Loder-Symonds. Cuando ella se puso en contacto con Malcolm después de su muerte, Sir Arthur le hizo una pregunta sobre una conversación muy secreta que habían tenido muchos años antes, una conversación que ni siquiera Jean conocía. Los detalles que Malcolm recordó —algunos olvidados desde hacía mucho tiempo por Sir Arthur— convenció por completo a Sir Arthur y a Jean que Malcolm aún vivía. Una prueba más, con gran asombro de su parte, ¡la escritura automática que realizó Lily Loder-Symonds era con la letra personal de Malcolm!

Desde ese momento, Jean le perdió el miedo a lo psíquico y durante los dieciséis años restantes de su matrimonio, ella se convirtió en la socia más cercana de su marido y su mayor aliada en sus incursiones dentro de este misterioso reino.

En este punto fue cuando Sir Arthur hizo a un lado su búsqueda objetiva y uniéndose a Jean, se convirtió en un creyente comprometido de la vida y el amor de la humanidad después de la muerte. ¡Después de 34 años de investigación, su mente obstinada se convenció finalmente que el espíritu humano vive fuera de esta tierra!

Cuando Sir Oliver Lodge perdió a su amado hijo, Raymond, en el campo de batalla en Flandes y posteriormente publicó *Raymond o la Vida Después de la Muerte*, Sir Arthur y Jean se sintieron profundamente conmovidos junto con miles de personas que leyeron el relato de Raymond sobre su vida después de la muerte. Fue entonces cuando Sir Arthur decidió dedicar el resto de su vida a que otros supieran la gran verdad que a él le había tomado tantos años de intenso estudio y de angustia personal descubrir, ¡que la muerte no existe!

Más adelante escribió sobre ese momento de decisión: "En cuanto comprendí la gran importancia de este tema y me di cuenta como debía cambiar y sanear completamente el pensamiento total del mundo, cuando se acepta sinceramente, sentí... que todo el trabajo que alguna vez realicé, o alguna vez podía realizar, era nada en comparación con esto."

De ahí en adelante, la misión de Sir Arthur y de Jean era evidente. Debían darle a otros el consuelo y la esperanza que ellos personalmente habían descubierto, más allá del abismo del dolor desesperado que angustia a tanta gente cuando "perdieron" a un ser querido.

Ese mismo año, 1916, el hijo mayor de Sir Arthur, Kingsley, capitán en los 1os. Hampshires, fue herido gravemente en la Batalla de Somme. En uno de los episodios más espantosos de la Gran Guerra, 60,000 víctimas sufrieron y cada oficial del batallón de Kingsley fue herido o muerto el primer día de ese combate. Antes de que terminara finalmente unos meses después, medio millón de hombres se perdieron en esa larga y terrible Batalla de Somme.

Durante las primeras veinticuatro horas despiadadas de acción, dos balas Alemanas atravesaron el cuello de Kingsley, pero misericordiosamente sobrevivió. Después de una larga hospitalización fue dado de baja por no ser apto para otro combate. Cuando la gran epidemia de gripe asoló sobre Europa en 1918 llevando a la muerte a cientos de miles, en su débil condición él también sucumbió —justo dos semanas antes del Armisticio que terminó la guerra el 11 de Noviembre.

Sólo tres meses después, en Febrero de 1919, Innes, el querido hermano menor de Sir Arthur, un General de Brigada, que de alguna manera sobrevivió cuatro años agotadores y peligrosos de combate, también fue una víctima fatal de la epidemia de gripe.

La pérdida de su primer hijo y de su hermano menor le afectó intensamente a Sir Arthur, pero como siempre, él soportó su dolor serenamente. Otra vez, como en el caso de su cuñado, Malcolm, a través de sesiones con médiums recibió mensajes que él consideró que eran una evidencia demostrable tanto de Kingsley como de Innes de que aún vivían —que mitigó el terrible sentimiento de que nunca lo volvería a ver otra vez en esta tierra.

Sir Arthur, con Jean siempre a su lado ayudándole de muchas formas, empezó una gira de conferencias por todas las comunidades más importantes de Gran Bretaña. Después hizo compromisos de conferencias en las ciudades más importantes de los Estados Unidos, Canadá, Europa y Africa —rompiendo el récord en todos los sitios donde hablaba, con auditorios llenos.

Durante la siguiente década, Sir Arthur redactó seis libros sobre espiritualismo y fenómenos psíquicos, escribiendo gran parte de ellos mientras estaba a bordo del barco, en los carros Pullman de ferrocarril y en los cuartos de los hoteles mientras viajaba por el mundo con Jean y sus tres hijos menores.

En *The Vital Message* (El Mensaje Vital) da un resumen asombroso de los descubrimientos psíquicos a la fecha, sobre la vida después de la muerte reunidos en todas las sesiones a las que había asistido personalmente y de los cientos de casos que había estudiado cuidadosamente en libros o en registros transcritos de la Sociedad para la Investigación Psíquica y de la Alianza Espiritual de Londres. En ninguna parte, a excepción quizás en *Raymond o la Vida Después de la Muerte* de Sir Oliver Lodge, tenía mejor descrita gráficamente la vida en la siguiente dimensión.

Entonces aquí tenemos, basadas en sus cuarenta años de profunda investigación, las conclusiones más importantes de Sir Arthur sobre la calidad de vida en la siguiente dimensión:

1. Informó que nuestros seres queridos se encuentran en un mundo muy semejante al que abandonaron, a excepción de que todo estaba armonizado en una octava superior.

2. Se reunían con familiares y amistades que habían amado en la tierra y tenían alegres reuniones.

3. La gente con pensamientos, gustos, valores y sentimientos semejantes se atraían. Había muchos círculos felices de gente compatible viviendo en casas agradables con todas las comodidades, con compañerismo, con mascotas y con arte y música.

4. Casi toda la gente bondadosa de buena voluntad, según las fuentes psíquicas de Sir Arthur Doyle, encontraban un paraíso idílico en el Otro Lado en un escenario de casas atractivas, hermosos jardines, bosques verdes y lagos y ríos pintorescos.

5. La edad desaparecía. Cuando nuestros seres queridos entraban en este nuevo mundo, ellos revertían el punto máximo de su desarrollo terrestre y la plenitud de su madurez.

6. "Nos espera un cuerpo perfecto. Tal es la enseñanza del más allá," dijo Sir Arthur Doyle. El cuerpo físico de uno era suplantado por un cuerpo astral perfecto en el Otro Lado. El cuerpo astral, aunque imperceptible para nuestros sentidos terrenales y con una frecuencia mucho más elevada, era tan sólido para los de la siguiente dimensión como nuestro cuerpo físico lo es para nosotros.

7. Con sus cuerpos astrales perfectos en su nuevo reino, los lisiados, los mutilados, los ancianos y los débiles, los enfermos y los inválidos, los que tienen manchas de nacimiento o cicatrices, los sordos y los mudos de nuestra tierra —todos dejaron atrás esas deficiencias para siempre.

8. Las parejas de casados que se habían amado uno al otro verdaderamente en la tierra, seguían con una unión estrecha en el Otro Lado. Tarde o temprano, dijo, todos los hombres y las mujeres encuentran un alma gemela en el siguiente reino. Una persona que su matrimonio fue separado por la muerte más de una vez en la tierra, continuará en el Otro Lado sólo con la pareja que fue su verdadera alma gemela.

9. Un niño que "murió" fue educado a la edad adulta con amor y cuidado en el siguiente mundo, por personas que alegremente asumieron tales responsabilidades. Por ejemplo, una madre que lloraba la transición de su niña de dos años, cuando ella misma "murió" 20 años después sería bienvenida en su llegada al Otro Lado por su hija de 22 años de edad bien educada e instruida.

10. Nuestros seres queridos que partieron, se llevaron consigo al siguiente reino sus habilidades y sus capacidades, sus conocimientos y experiencias, sus dones creativos, sus poderes intelectuales, la naturaleza de su carácter y su desarrollo espiritual —nada se perdía. Lo que se aprendía en la tierra se conservaba para un uso posterior en el incremento del conocimiento y el desarrollo espiritual.

11. No había en el siguiente reino ricos ni pobres, a excepción del espíritu. Las riquezas personales se medían en la fuerza de carácter, la generosidad, la sensibilidad hacia otros, la capacidad para amar y cuidar.

12. La idea de un infierno grotesco y despiadado con el fuego aterrador y la condena eterna era rechazado por las fuentes psíquicas de Doyle, pero no contradijeron la descripción Bíblica de un lugar de "obscuridad exterior" donde había "lamentos y rechinidos de dientes." El principio de que lo semejante atrae lo semejante, en el siguiente mundo no sólo aplicaba en las personas de buena voluntad, sino también en aquellos seres equivocados cuyas vidas terrestres se habían desperdiciado en el egoísmo, en la avaricia, en la crueldad y en la maldad. Sus vidas en el infierno de su propia creación, no cambiarán hasta que cambien sus valores y su forma de vida.

A diferencia de los planos superiores que estaban inundados de una luz gloriosa, la atmósfera de este plano fluctuaba desde la tristeza hasta la total oscuridad, reflejando el espíritu de sus diversos habitantes.

Nadie ha sido condenado nunca a una perdición eterna. El camino siempre estaba abierto y la Luz y el Amor de los planos superiores siempre estaba irradiándolos para abrir sus corazones y sus mentes hacia una vida mucho más gratificante y hermosa de la consciencia superior.

13. En general, el Otro Lado era un lugar intensamente feliz para casi todos sus ocupantes, según las fuentes psíquicas de Sir Arthur Doyle y casi todos expresaron la opinión de que no desearían regresar al plano de la tierra, porque la vida era más interesante en el Otro Lado.

Como Sir Arthur habló en todas partes del mundo ante un público cautivado, estas conclusiones basadas en sus años de investigación, fueron su fascinante respuesta para la pregunta que con más frecuencia se solicita: "¿como es la vida en el Otro Lado?"

Casi tan fascinante, es el hecho de que casi todos los casos probatorios que él resumió, incluyendo el de Raymond Lodge, citando sus palabras, *"¡tienen una semejanza asombrosa aunque no absoluta, de cualquier fuente que puedan venir!".*

Así que según la evidencia del maestro detective Dr. Sir Arthur Conan Doyle parecería que, *¡para casi todos nosotros, nuestra muerte, en vez de ser el final desconsolado y abismal de nuestras vidas, puede ser —si lo elegimos— una alegre graduación a un nuevo mundo maravilloso, para una vida en otro plano más rica, profunda, satisfactoria para el amor del alma y más feliz, hermosa y espiritualmente gratificante!*

El corresponsal del periódico de Nueva York, Albert Payson Terhune, logró un reconocimiento mundial perdurable como escritor de historias sobre perros, en especial collies, como los dos que están en la ilustración, Sunnybank Jean y Sunnybank Sigurd (Treve). Su talento no se interrumpió con su muerte, sino que siguió ya que su esposa Anice y él eran coautores en el sorprendente libro, Al Otro Lado de la Línea. Aquí presento el relato personal conmovedor de la forma en que esta asombrosa pareja se mantuvo en contacto después de que su cuerpo físico había expirado.

Capítulo 4

Albert Payson Terhune

El escritor, mundialmente famoso, Albert Payson Terhune regresa de la Muerte para declararle a su amada esposa Anice su continua adoración desde la Siguiente Dimensión

La muerte de un ser querido no es fácil de aceptar. A pesar de que creas firmemente en otra vida después de esta, la pérdida de un ser querido puede ser absolutamente dolorosa —como si una parte de tu propia alma también hubiera muerto —como si una parte de tu mundo hubiera llegado a su fin.

Por muy firmes que sean tus convicciones sobre la inmortalidad, por muy segura que pueda ser tu fe en la vida después de la muerte, debes enfrentar el difícil hecho de que tus seres queridos físicamente te han abandonado —aparentemente para siempre. Ni las oraciones o el consuelo y las condolencias de las amistades cercanas pueden mitigar el terrible vacío de la soledad absoluta y el sentimiento de un abandono total que tú, yo y todos soportamos en las primeras horas, días y semanas en que un ser querido nos ha dejado.

¡Pero esto pasará!

Déjame darte uno de los casos más reveladores de la vida y el amor entre este mundo y el siguiente, que yo haya oído. ¡Es un caso tan lleno de ternura y de amor que espero que ayude a mitigar tu dolor, te inspire y te conmueva como lo hizo conmigo!

Al momento de su fallecimiento, Albert Payson Terhune era un personaje mundialmente famoso. La *Enciclopedia Británica* trae una biografía impresionante que se resume aquí:

TERHUNE, Albert Payson (1872-1942) E.U.A.

Novelista y escritor de cuentos cortos, famoso por sus historias populares sobre perros, nació en Newark, N.J., el 21 de Diciembre de 1872, hijo del Pastor Presbiteriano Edward Payson Terhune y Mary Virginia Hawes Terhune... Terhune se graduó en la Universidad de Columbia en la Ciudad de Nueva York en 1893, viajó a Egipto y a Siria y regresó a Nueva York, uniéndose al personal del *New York Evening* World en 1894... Escribió asiduamente en su tiempo libre para separarse del periodismo y publicó más de 12 libros, antes de abandonar el *Evening World* en 1916.

En 1919 apareció la primera de sus historias populares de perros, *Lad, un Perro*. Se había mudado a una granja cerca de Pompton Lakes, N.J., que llamó "Sunnybank," y el resto de su vida ahí escribió, crió collies para concurso, pescó y cazó. Escribió más de 25 libros después de 1919, siendo casi todos novelas en la que los perros desempeñan partes notables, incluyendo

Bruce (1920), *The Hearth of a Dog* (El Corazón de un Perro) (1925), *Lad of Sunnybank* (Lad de Sunnybank) (1928) y *A Book of Famous Dogs* (Un Libro de Perros Famosos) (1937). También escribió dos libros autobiográficos, *Now that I'm Fifty* (Ahora que tengo Cincuenta Años) (1925) y *To The Best of My Memory* (Lo Mejor de Mis Recuerdos) (1930). El murió en Sunnybank el 18 de Febrero de 1942.

Debe agregarse que las historias de Terhune sobre perros collies, que gustaron mundialmente, llegaron a millones de lectores en los Estados Unidos y en otros paises de habla Inglesa y a través de traducciones, a muchos millones más por todo Europa y Sudamérica. La serie de Películas de Hollywood y las series de televisión de gran éxito enfocadas en "Lassie" llevaron sus historias a muchos millones más de aficionados al cine y de telespectadores por todo el mundo.

Bert era un hombre muy alto —de 6 pies tres pulgadas y media de altura, apuesto, una persona amante de la vida que la disfrutaba con una vida al aire libre cazando y pescando; al mismo tiempo apreciaba los conciertos y la ópera, el ballet y el teatro. El disfrutaba con la camaradería de sus amigos periodistas y sus compañeros que eran miembros del Club Explorers, el Club Adventurers, el Club Lambs, el Club Players y el Club Century en Nueva York. También apreció sus últimos años de retiro en la granja Sunnybank —pero sobre todo él amaba a su adorable esposa y la vida entusiasta que disfrutaban juntos.

Anice o "Annie" como él la llamaba con cariño, era una pareja perfecta para Bert, era una dama encantadora que mantenía para él una casa agradable mientras que al mismo tiempo perseguía sus propios talentos creadores como escritora, poeta, compositora y músico.

Bert y Anice desde niños fueron novios en la escuela primaria en Springfield, Massachusetts y se casaron poco después de su graduación en la Universidad de Columbia. Se sintieron atraídos entre ellos desde el primer momento en que se encontraron, como si hubieran sido almas gemelas en alguna existencia anterior. Al principio de su vida matrimonial padecieron un poco de dificultades físicas y de problemas económicos mientras Bert daba prueba de sus aptitudes como corresponsal del New York Evening World, pero su vida amorosa y su matrimonio siempre se conservó como una relación íntima y fiel.

Como corresponsal del World, Bert era incansable, versátil, innovador y productivo. En sus 22 años con el venerable periódico metropolitano, escribió toda clase de historias, desde artículos con un interés humano y deportivo hasta una crítica dramática en una columna que redactaba personalmente. El era, en cierto sentido, el super escritor del Evening World. Parecía como si su talento ni tuviera límites.

Escribió una serie de artículos con características históricas fascinantes sobre esos temas como "Cincuenta Guerras Famosas," "Cincuenta Errores que Fueron Benéficos," "Cincuenta Engaños Famosos," "Historias de Nuestro País," etc., ¡que demostraron ser tan populares que se publicaron diariamente en el *Evening World* por *más de diez años!*

Cuando sus editores necesitaron que alguna persona escribiera un artículo de Lilian Russell, la famosa belleza de mil ochocientos noventa, cantante y amiga de "Diamond Jim" Brady, Bert obtuvo el trabajo. Con la ayuda de su querida Anice como lectora y como crítico, él escribió un "Libro Base," revisando los últimos libros más interesantes.

Anice y él vieron muchas producciones de la opera en el Metropolitano y casi todas las obras de Broadway; él sacaba críticas el día siguiente en las ediciones del World, a cambio de dos asientos de pasillo elegidos para las noches de estreno.

Como corresponsal, su forma de escribir siempre era muy clara, ágil y con una animosidad chispeante. Cuando no tenía una historia, salía y buscaba una. Como fue un boxeador competente en sus años de universidad, le sugirió a su editor que él boxeara tres rounds con seis de los campeones profesionales más afamados —James Corbett, Jim Jeffries, Bob Fitzsimmons, Tom Sharkey, Gus Ruhlin y Kid McCoy y escribiera las crónicas de cada uno de estos encuentros.

Sorprendido por la audacia de Bert, su editor apoyó con gran entusiasmo la idea, pero prácticamente como broma, ignorándolo Bert, ¡en secreto le prometió a cada uno de los campeones estrella mucha publicidad sin costo en el *World,* si podía noquear a Bert! ¡Vaya broma!

Pero la broma fue para el editor. Aunque Bert quedó lastimado con una mano moreteada en una pelea, con el labio partido en otra y un ojo morado en un tercer encuentro, ninguno de los seis campeones pudo noquearlo y ni siquiera derribarlo. El campeón mundial de peso pesado Jim Corbett, después de sus tres rounds con Bert, lo llamó "¡el mejor boxeador aficionado de América!"

Está de más decir que las historias de Bert sobre estas tres peleas vendieron una gran cantidad de periódicos y ganó muchos lectores.

Por otro lado, como trabajador independiente, Bert lanzó unas novelas intrépidas en serie y cuentos de aventuras que aparecieron con regularidad en *Argosy, Cosmopolitan, Redbook* y en otras revistas populares y se publicaron posteriormente como libros completos.

A petición de David Belasco, el genio del teatro, Bert tomó su obra, *El Retorno de Peter Grimm,* un drama fascinante sobre un hombre que regresa de la muerte a la vida y la volvió a escribir como una novela.

A los 44 años, sus estilo independiente demostró ser tan exitoso que pudo renunciar al empleo del *Evening World*, con gran tristeza de su editor. ¿Quien podría reemplazar el puesto único de Bert Terhune? Durante dos años, mantuvieron su nombre en la editorial con la esperanza de que pudiera regresar.

Bert ya no regresó —nunca.

Todo empezó cuando Ray Long, el editor de una revista popular mensual, *Redbook,* al visitar a Terhune en "Sunnybank," le sugirió a Bert que debía escribir una historia de su collie campeón, Lad. Primero Bert rechazó la idea. El siempre había pensado que lo que el público quería eran historias románticas —"las cosas de él y ella," como el lo dijo.

Como Long persistió, Bert escuchó con atención y después escribió su primera historia sobre Lad. Por el éxito que tuvo, le siguieron muchas más, se publicaron en *Redbook, Cosmopolitan* y en el *Saturday Evening Post.* En 1919 se juntaron las historias en un libro de E. P. Dutton, Lad, un Perro que incursionó por todo el país y cambió por completo las vidas de Anice y Bert. Anice le atribuyó la fama de Bert casi por completo a su "querida Laddie." De ese año en adelante, Bert ya no tuvo preocupaciones económicas.

En los doce años siguientes, desde 1916 que fue cuando dejó el *Evening World* hasta 1928, su vida juntos se volvió más abundante, alegre y aventurada que nunca. Anice la llamó maravillosamente, "¡el rayo dorado del sol del medio día de nuestras vidas!"

Cada año pasaban ocho meses en Sunnybank. Ya no eran simplemente unas vacaciones en casa y un descanso de fin de semana sino el centro de todas sus actividades creativas. Los meses de invierno del año, regresaban a su departamento de la Ciudad de Nueva York para disfrutar de la opera, los conciertos y un feliz torbellino de actividades sociales con sus queridas amistades.

Durante estos años la producción literaria de Bert era prodigiosa. Todas sus historias de las revistas, se reunieron en 20 libros que no sólo fueron Best seller en los Estados Unidos, sino que también fueron traducidas y disfrutadas por un vasto grupo de lectores extranjeros.

Al mismo tiempo, Anice compuso una gran cantidad de música para la famosa agencia publicitaria de música de los Estados Unidos, G. Schirmer, Inc. También contribuyó con poesías, historias y artículos para las revistas *The Ladies Home Journal, McClure, Good Housekeeping* y *The Atlantic Monthly.* Ella, también escribió libros, en ese tiempo eran 17, tres de estos eran novelas, varios sobre música y muchos libros de canciones infantiles y baladas para gente joven.

Durante estos años dorados, hicieron alegres viajes a Londres en Inglaterra, Dublín e Irlanda, Edimburgo y Escocia, París, Niza y Monte Carlo en Francia, Madrid y Barcelona en España, Roma, Nápoles, Florencia, Venecia y otras ciudades de Italia, la Ciudad de México y México, Cairo en Egipto, Jerusalén y Haifa y otras áreas en Tierra Santa, así como permanencias largas en Florida, San Francisco y el norte de California.

Su vida social en Sunnybank y en la Ciudad de Nueva York tenía una gran riqueza de conversaciones y cálidas amistades. Sus invitados iban desde el novelista Sinclair Lewis y el explorador del Artico el Dr. Vilhjalmur Stefansson, hasta el personal variado de las amistades del periódico, productores, actores, directores y escritores de teatro de los Clubes Lambs y Players. Sus amistades abarcaban viajeros

de todo el mundo, arqueólogos, geógrafos y otros científicos del Club Explorers hasta distinguidos escritores y editores
del Club de Autores, eminentes estadistas, industriales,
eruditos, educadores, artistas, escritores y clérigos del Club
Century.

Muchas de estas afectuosas amistades se reunieron en
Sunnybank en dos eventos especiales que eran muy importantes para Bert y Anice —la recepción de la boda de su hija
Lorraine el 23 de Junio— y la celebración de sus Bodas de
Plata el 2 de Septiembre de 1928, en donde más de 350
admiradores les dieron un caluroso homenaje por su matrimonio perfecto de casi un cuarto de siglo.

Estos fueron unos años felices y productivos de compañerismo —descrito por Anice en su autobiografía, *El Bert
Terhune Que Conocí,* escrito después de su muerte, siendo el
capítulo más idílico de sus vidas. Ella tituló ese capítulo, "La
Cima de la Colina."

Entonces, repentinamente y sin ninguna razón o un motivo
aparente, la tragedia golpeó sus vidas.

Muy tarde, la noche del 13 de Diciembre de 1928, Bert
empezó a tener un problema con la serie que estaba trabajando.
Como lo hacía con frecuencia cuando intentaba desenmarañar
un obstáculo en su redacción, iba a caminar un rato a uno de
los caminos poco transitados en los alrededores de la Granja
Sunnybank.

De repente, fue golpeado por un conductor que manejaba
como loco en sentido contrario y que huyó. El impacto
del coche al chocar con su cuerpo lo lanzó al aire y aterrizó
en unos arbustos a varias yardas del camino, totalmente
inconsciente.

Cuando recuperó la consciencia, como pudo arrastró su
cuerpo lesionado al camino y haciendo señales detuvo a un

conductor más amigable que lo ayudó a regresar a Sunny-bank. Anice, profundamente preocupada porque se había demorado, estaba aterrorizada por verlo herido gravemente y sangrando. ¡Pero gracias a Dios estaba vivo!

Se le trasladó de inmediato al hospital más cercano, se trataron adecuadamente todos sus huesos fracturados y sus lesiones internas. Estuvo en cama varias semanas y con muletas muchas más, pero nunca se recuperó del todo del daño físico del accidente. Tuvo un dolor constante por el resto de su vida, continuamente ingresaba y salía de hospitales por las operaciones y cada vez salía un poco más débil.

Con la determinación de mejorarse por el profundo amor por Anice, soportó sus dolores sin quejarse. El apreciaba la vida que tuvieron y quería muchos años más de ello.

Cuando dejó las muletas y tomó un bastón continuó escribiendo aunque no tan prolíficamente. Las largas caminatas regocijantes que él y Anice disfrutaban ya no eran posibles. Los estimulantes viajes por el mundo que habían gozado tuvieron que reducirse a viajes cortos a Nueva York, excursiones breves a Washington, D.C. y a un crucero a Londres. Sus vidas se volvieron más tranquilas, más calmadas, eran más una aventura hacia lo interno.

Tanto Bert como Anice eran profundamente religiosos y durante este periodo empezó a escribir un libro que él consideraba que era la culminación de su vida creativa —era una serie de ensayos sobre Jesús titulados *El Hijo de Dios*. Luchando inútilmente para recuperar toda su salud, él hizo su autobiografía, *Lo Mejor de Mi Memoria*.

A pesar de la débil condición de su cuerpo, encontró un nuevo talento, se convirtió en un locutor popular de la radio. Su voz agradable y su don natural para contar historias lo hizo un locutor estrella.

A pesar de sus enérgicos esfuerzos, su salud siguió fallando. La tarde de su cumpleaños 69, el 21 de Diciembre de 1941, Anice lo trajo a casa después de su más reciente — y última operación. Cuando cortaron su árbol de Navidad número 41 le dijo a Anice, "¡no se si haya alguien que pueda ser tan feliz como nosotros!" No obstante sabía que su vida terrenal estaba llegando a su fin. También Anice lo sabía pero no estaba preparada para enfrentar el hecho.

A fines de Febrero, unos días antes de su muerte, sabiendo que se estaba yendo, le dijo a Anice con suavidad pero con firmeza, "Regresaré. Estaré aquí en Sunnybank contigo, te lo prometo."

El 21 de Febrero de 1942, con los brazos de Anice rodeándolo se trasladó a la siguiente dimensión.

Con su forma original, Bert intentó preparar a Anice para la partida de su cuerpo. Muchos meses antes de su muerte, discutieron un artículo que había planeado escribir titulado "Al Otro Lado de la Línea." Tenía la esperanza, que con ese artículo le daría a los que sufren la tranquilidad, por la pérdida de sus seres queridos. Al mismo tiempo esperaba que estos pensamientos pudieran algún día en su momento de necesidad darle consuelo a Anice.

Las anotaciones de Bert sumaban una gran cantidad de preguntas que todos tenemos sobre la muerte. El preguntaba, por ejemplo, que le sucede a una persona después de que "cruza la línea," como él lo decía. Su cuerpo —su cubierta— estaba enterrado y después de algunos cambios químicos esa cubierta se volvía parte de la tierra. ¿Pero que sucedió con su vigor y su poder motriz y ese algo que algunas personas llaman el alma? ¿Que le sucedió a su risa, sus ideales, sus aspiraciones? ¿Eran sólo una parte de esa cubierta? ¿Y quedaron enterrados con ello? El sintió que si la vida no era una escuela y si no fuimos puestos aquí por algún Poder Superior por alguna razón, entonces la vida sólo era una broma cruel.

Esto no lo podía creer.

En cambio él estaba seguro que había respuestas Divinas para estas preguntas profundas.

Estaba seguro que las oportunidades para el desarrollo y el crecimiento que experimentamos en la tierra no terminaban con la llamada "muerte." Tenía la certeza que había una vida personal y un verdadero futuro para cada uno de nosotros, y que las percepciones y el amor aprendidos en esta vida seguirían en la siguiente dimensión. El no sólo basó esta creencia sólida como la roca, en la lógica y el sentido común sino en esas palabras claves del Nuevo Testamento.

"En la casa de mi Padre hay muchas mansiones... Mira que voy a preparar un sitio para ti... Este día cenarás conmigo en el Paraíso... Benditos sean los muertos que mueren en el Señor... Aquel que venga hacia Mi, aunque esté muerto, vivirá."

Para encontrar algunas respuestas de estas preguntas mentalmente penetrantes, era necesario que el mismo Bert pasara primero por la experiencia de muerte. Después de su paso al otro lado, tardó algún tiempo antes de poder regresar a través del vacío para comunicarse con Anice.

La casa que era tan cálida y agradable cuando él estaba ahí, ahora era fría y distante. Los jardines y el campo alrededor de la casa que eran tan hermosos y atractivos cuando ellos los observaban juntos, eran grises e inhóspitos sin él al lado de ella.

Ella había esperado que él estuviera con ella de inmediato, pero esto no fue así. ¡El sólo se había ido, se había ido por completo!

No obstante, después de unos días de una total soledad algo sucedió. Sin ningún preámbulo especial, de algún modo la recorrió una sensación de júbilo de que ya no estaba sola, ¡que Bert estaba ahí! ¡Ella sólo sabía que él estaba ahí!

Era como si súbitamente se hubiera levantado la oscura penumbra que la envolvía. Sintió su amorosa presencia en la habitación con ella y se sintió inundada de felicidad. ¡Al saber que él estaba ahí era totalmente diferente!

Ahora podía seguir adelante con todos los detalles molestos de los asuntos relacionados con su muerte, las entrevistas legales con respecto a la determinación de su estado y a menudo la frustrante búsqueda de archivos y documentos necesarios, que habían estado enterrados por más de un año en una multitud de papeles sobre su escritorio.

Unos días después de la sensación de su presencia, el Club Canino Americano escribió pidiendo los nombres y los pedigríes de cada uno de sus collies. Un señor que su cachorro había sido hijo de uno de sus perros campeones, también estaba presionándola por el pedigrí para poder registrar al cachorro en el Club Canino.

Los pedigríes, igual que casi todos los pormenores de los asuntos de crianza de los collies campeones, la administración de la granja y el manejo de las finanzas de sus arreglos de redacción con diversos editores, habían sido competencia de Bert. Bert siempre había sentido que ella tenía más que suficiente, llevando su agradable casa, entreteniendo a todos sus invitados, cuidando su alimentación diaria y muchas otras necesidades personales, junto con su redacción y su composición. Pero ahora esta carga era de ella.

Ella examinó por arriba y por abajo, buscando los pedigríes de sus perros y una forma que debía llenar para el caballero que se la había pedido, pero no podía encontrarlos por ningún lado. Cada cómoda y cada cajón del escritorio de su estudio y de toda la casa fue abierto e inspeccionado, cada pila de papeles registrada. Pero no había ninguna señal de esos preciados documentos.

Después del tercer intento, muy a su pesar, salieron lágrimas de sus ojos. ¿Porqué, porqué Dios mío, quedo sola haciendo este trabajo inútil? Sintiéndose totalmente inútil, en contra de su voluntad ella se derrumbó y sollozó con una total frustración.

Entonces, ella escuchó la voz de Bert en su mente, hablándole con tanta claridad como si estuviera ahí. Tranquilamente le dijo, *"Busca atrás de ti. Los papeles que quieres están exactamente atrás de ti."*

Ella se volteó y su mano se dirigió a una perilla discreta de un pequeño cajón en un archivo. Ella ya había buscado ahí antes, pero esta vez sacó todos los papeles. Abajo de todos los papeles estaban los pedigríes de todos los perros.

Ahora era evidente que Bert estaba manteniendo su promesa; ¡él no sólo estaba a su lado sino que la estaba ayudando!

Aunque no pudiera verlo, ella podía sentir su cercanía y percibir su ayuda.

La siguiente manifestación verdadera llegó el Jueves Santo en la tarde cuando fue con una vecina a la iglesia.

En una tarde amenazadora de tormenta, mientras estaba sentada en la iglesia sus pensamientos se dirigieron hacia Bert que estaba enterrado ahí mismo en el cementerio. Apesadumbrada con la desesperación de su pérdida empezó a llorar, bajando el velo de su sombrero para ocultar sus lágrimas cegadoras de las miradas de la gente a su alrededor.

Repentinamente su cabeza se enderezó bruscamente y vio dos luces moviéndose rápidamente alrededor del techo de la iglesia. Ella se preguntó si serían luces que señalaban el paso de autobuses que pasaban. Entonces una luz desapareció y la otra se le acercó, despidiendo una suave irradiación. Después de esa irradiación apareció la imagen de Bert, tan real como en vida, sobre ella y frente a ella aproximadamente a doce pies de distancia. El mensaje salió de sus tranquilos ojos: ¡él no estaba afuera en el cementerio de la iglesia. El estaba ahí mismo con ella, más vivo que nunca! ¡Y siempre estaría con ella!

Con una gentil insistencia él colocó este mensaje en su mente. Ella estaba emocionada y llena de felicidad por el pensamiento de que, aunque él vino con ella del otro mundo, él parecía ser el mismo que siempre había sido, ¡el mismo, querido y maravilloso Bert!

Ella no le dijo a nadie, nada de lo que había visto.

De regreso a casa, le preguntó a su vecina si había observado alguna extraña luz durante el servicio y su vecina le contestó, "No, nada a excepción de las velas."

Tres semanas después le preguntó al ministro si había visto algo diferente durante el servicio del Jueves Santo.

El movió su cabeza diciendo, "No, no vi nada. Pero estoy seguro que tu viste algo. Tu semblante estaba tan radiante, ¡que debes de haber visto una visión!"

Los días siguientes sintió las tiernas vibraciones de Bert en muchas ocasiones, ella pensó cada vez más en sus cuarenta maravillosos años juntos. Le llegó la idea de que podría ser apropiado escribir un libro sobre esa gloriosa vida conyugal. *El Bert Terhune que Yo Conocí* parecía escribirse solo y al escribirlo ella se sentía más cerca que nunca de él. Con la terminación del libro ella se preguntó a si misma con expectación, asombro y admiración: ¿qué sigue?

Ella no tuvo que esperar mucho la respuesta. Sólo unos cuantos días después, ella recibió la carta de un extraño. Esta persona dijo que estaba escribiendo a petición de una amistad mutua. Aunque no era una médium o psíquica profesional, por medio de la escritura automática algunas veces había podido establecer contacto con personas que habían partido de esta tierra y ahora estaban en la siguiente dimensión. Ella tenía entendido que Anice había perdido a su esposo y a ella le daría mucho gusto intentar saber de él o sobre él, por medio de sus contactos en el Otro Lado.

No quería dinero por hacer esto y le advirtió a Anice que no podía prometerle ningún resultado; en realidad, le dijo, podría no surgir nada en su reunión. No obstante, si Anice pensaba que podría ser útil, ella se ofrecía a ir a Sunnybank a visitarla y a intentar establecer contacto.

Al principio Anice dudó. Aunque conocía algunas médium dotadas y verdaderamente sensibles que habían ayudado a mucha gente, también sabía muy bien que en el campo psíquico tenía una gran participación de sucios charlatanes, que se ganaban la vida aprovechándose de la gente que está afligida por la pena. La última persona con la que ella quería involucrarse en este momento de su vida, era con un psíquico impostor mercenario.

Para investigar a esta extraña, llamó a su mutuo conocido. Su amigo respondió con entusiasmo, explicando que la señora que le había escrito a Anice era una bellísima persona, una psíquica realmente dotada que sentía que podría ayudar a Anice en estos momentos difíciles.

Anice acordó con la Señora S___ que viniera a comer a Sunnybank. Después de una agradable comida en la terraza, la Sra. S___, una persona hermosa y carismática, tomó papel y el lápiz en la mano y esperó a que alguien moviera su mano con la escritura automática, advirtiéndole nuevamente a Anice que podría no suceder nada. Se sentó en la hamaca, relajada, poniendo en blanco su mente para que pudiera llegar cualquier mensaje. Anice se sentó en una silla baja cerca de ella, tranquila, esperanzada, esperando una respuesta.

En poco tiempo el lápiz en la mano de la Sra. S___ empezó a moverse de un lado al otro de su papel y cuando llegó al final de la página, ella le pasó la hoja a Anice con su mano izquierda mientras continuaba con su derecha.

Anice bajó la mirada y quedó sorprendida.

¡Había llegado un mensaje claro!

¡Del mismo Bert!

Aquí está la esencia de lo que él escribió, haciendo uso de la mano de la Sra. S___.

El estaba curado de sus enfermedades. Ahora se sentía muy bien y fuerte. Estaba ahí en el porche con la Sra. S___ y con ella en ese mismo momento.

El exhortaba a Anice a que escuchara su voz porque más adelante enviaría mensajes directamente a su mente. El llamó a su intercambio de pensamientos una curiosa incorporación de fuerza eléctrica que comparó con la comunicación por radio pero con un poder extenso mucho más refinado —una fuerza eléctrica positiva, poderosa.

Le aseguró que ahora estaba con ella como siempre lo había estado, que sus vidas se volverían a entrelazar, que más adelante podrían estar unidos y seguir su camino juntos felices y que su amor perduraría eternamente.

Sus ojos se llenaron de lágrimas mientras leía lo que él había escrito. Entonces la mano de la Sra. S___ se volvió a mover. *El le rogaba que no llorara.*

Esto asombró a Anice —¡porque quería decir que él realmente había visto sus lágrimas!

Para cerrar, *él le envió su amor pero estaba renuente a terminar su carta porque los había llevado a estar juntos. Después firmó "love —adieu— Bert."*

La Sra. S___ no conoció a Bert, nunca leyó sus libros ni lo escuchó hablar. Sin embargo, según Anice, el lenguaje era sin ninguna duda el de Bert. ¡Las palabras de "un poder extenso mucho más refinado" y la declaración de que sus vidas se volverían a entrelazar era exactamente como el mismo Bert se expresaba! Cuando empezó a llorar de felicidad al leer la primera página de su carta, su aviso para que no llorara llegó de inmediato en la escritura automática, demostrándole claramente a Anice que Bert estaba ahí mismo y podía verla y escucharla aunque ella como terrestre no pudiera verlo o escucharlo.

Tanto Anice como la Sra. S___ estaban abrumadas. Ninguna de las dos había esperado una respuesta tan alentadora y evidente. Ella dijo que su carta era para ambas como la descarga de un rayo saliendo del cielo azul.

Siguieron cuatro cartas más de Bert por medio de la escritura automática de la Sra. S___. Aquí está lo más sobresaliente de lo que él escribió:

En su segunda carta, varios días después, él dijo que atravesar la línea era exactamente lo mismo que despertar cualquier día, pero a un panorama muy diferente. Desde ese momento había encontrado a muchos antiguos amigos que habían "muerto" en años recientes y sin embargo estaban bien y en la flor de sus vidas.

Dos semanas después él le dijo a Anice, que todo lo que le pedía por el momento era que su amor continuara, iluminado por el contacto que él estaba teniendo ahora con ella.

El sentía que no era una casualidad que la Sra. S___ hubiera venido a Sunnybank para reunirlos y expresó la creencia de que su llegada había sido planeada. Le dijo que su llegada le mostraba que en el Gran Plan de la Vida, él y Anice —y otras personas como ellos— no estaban olvidados y que a pesar de la vastedad de ese Gran Plan, no obstante eran parte del Plan.

En la cuarta carta, Bert se apresuró a confirmarle la realidad de su subsistencia y de su inalterable amor eterno. El estaba seguro que estaban por venir los mejores años. Dijo que intentaría pasar el tiempo con un trabajo útil hasta que se reunieran y oraba por que los años que transcurrieran no fueran muy solitarios para ella.

Le dijo que él estaba ahora con sus padres y que se alegraban de sus visitas con su querida nuera a través de la Sra. S___. El retransmitía su amor por ella y le prometían que ellos también le escribirían una carta algún día.

Al cerrar la cuarta carta le expresó su agradecimiento a la Sra. S___ por toda su amabilidad y sus atenciones y después le escribió a Anice, *"A ti, amor mío, te doy un beso de buenas noches."*

¡Con gran asombro para ella, la siguiente comunicación la tomó la misma Anice —su primera experiencia en escritura automática! Nunca antes había intentado la escritura automática, pero mientras descansaba en la terraza para leer un libro, una voz dentro de su cabeza insistía, *"¡Toma un lápiz! ¡Ve y toma un lápiz y un papel ahora mismo!"*

Ella intentó ignorar la voz y abrió su libro pero la voz no la dejaba en paz. Entró a la casa, recogió una tablilla y un lápiz, después regresó y se puso a trabajar en su silla colocando la tablilla sobre su regazo y el lápiz en su mano descansando en ella. Durante varios minutos ella esperó —preguntándose— esperando —pidiendo un mensaje de su querido Bert.

De repente se vio que empezaba a escribir —escribía con rapidez y seguridad— pero no era su escritura personal y no era su propio pensamiento —¡era un mensaje del Otro Lado!

¡Quizás de Bert!

Con gran asombro vio que no era de él. Era de su suegro, el Reverendo Dr. Terhune. El se dirigió a ella como *"Mi querida Annie"* y le informó lo bien que estaba Bert en su nueva vida de Espíritu. Le dijo que él y Mary (la madre de Bert) estaban ahora con su hijo para ayudarlo y estaban intentado hacer su mejor esfuerzo para ayudarla a ella también.

Le confesó que él y Bert la habían visitado la tarde del Jueves Santo porque parecía que ella necesitaba ayuda desesperadamente. El y Bert sintieron que tenían que hacerle saber por un momento que estaban vivos y con ella ahí en esa iglesia (Anice dedujo que su suegro Edward debió haber sido la segunda luz que vio). Siguió diciendo lo contento que estaba al observar que su querida Anice estaba mucho más feliz desde ese Jueves Santo.

Lo contó lo bien preparado que estaba Bert para la nueva vida que estaba llevando y lo orgullosa que debía sentirse por él. Le expresó su agradecimiento a ella por la gran ayuda que le dio a Bert durante su vida en la tierra y dijo que su fe tan firme junto con la de Bert, fue lo que lo preparó tan bien para su vida en el Otro Lado. Ahora estaba maravillado por la bondad y la dulzura de su hijo y observó que su ternura y su amorosa amabilidad le habían pavimentado el camino y le habían ganado un lugar elevado. Decía que admiraba a Bert aún más que antes.

La aconsejó como mantener fuerte su corazón y mantenerlo ligero y le aseguró que ella no tenía nada que temer ahora o en el futuro —porque Bert la estaría esperando hasta que Dios Todopoderoso le otorgara el permiso para unirse a su esposo —y entonces la felicidad sería ilimitada— y para siempre. Aún ahora, le dijo a ella, no estaban realmente separados —su lazo era muy estrecho.

El terminó con la bendición de su fe:

Que el Señor te bendiga y te guarde. Que el Señor haga que su rostro se ilumine sobre ti y te de paz, de este momento en adelante y aún hasta la eternidad. Amen.

Anice había conocido a su amado suegro, sólo siete años antes de su muerte pero su amor por él había crecido como si fuera en verdad su propio padre y él sentía lo mismo por ella.

Ella se sentía emocionada por haber recibido esta carta. Estaba aún más emocionada por descubrir que tenía la capacidad de servir como médium a través de la escritura automática. Esto significaba que sin la ayuda de una tercera persona, ella podía establecer comunicación con regularidad con su amado Bert.

Anice en seguida se convirtió en una estación receptora sintonizada con los pensamientos y los sentimientos inmediatos de Bert, mientras que ella a su vez le respondía directamente hablando o pensando, pero usualmente era simplemente a través del pensamiento.

Algunas veces ella sentiría penetrantemente la presencia de Bert y cogería su lápiz y su cuaderno y lo dejaría que hablara a través de su escritura. Otras veces, ella se sentaría tranquilamente llamándolo en sus pensamientos y después de un momento el vendría con ella con una comunicación de mente a mente.

Teniendo presente las anotaciones de Bert del proyecto de un artículo "Al Otro Lado de la Línea," que ya habían discutido bastante antes de su partida, Anice le hizo a su pareja un montón de preguntas, preguntas que todos nosotros hemos hecho con asombro y esperanza sobre lo que podría esperarnos más allá de los horizontes de nuestras vidas terrestres.

Cuando Anice le pidió a Bert que le contara más sobre su nuevo mundo, él respondió que la vida en ese lado era tan hermosa y tan encantadora que para él era imposible describirla adecuadamente.

En su nueva vida el encontró una intensidad de pensamiento, de mente y de percepción —y una gran expansión de poder— y de amor y belleza en todas direcciones. Describió la vida de ahí muy semejante a la vida en la tierra sólo que intensificada cien veces. Las flores, los árboles, los animales, los pájaros y sobre todo la gente parecía más radiantemente hermosa. El comparó la vida ahí con el Shangri-La sólo que mucho más hermosa y maravillosa.

Anice quería saber todo sobre sus padres a los que ella amaba profundamente. Fue una sorpresa emocionante verlos y estar con ellos, le respondió Bert. El dijo que estaban exactamente iguales que siempre sólo que mejor —tan felices juntos, atentos y dulces uno con el otro. No eran ancianos sino lo que él llamaba lo mejor de la madurez, la flor de sus vidas.

El describió como lo recibieron cuando despertó de su sueño después de la muerte en Sunnybank. Estaban ahí con él inmediatamente antes y después de su muerte en la recámara que él y Anice compartían —y cuando despertó de la muerte, lo rodearon con sus brazos y su madre lo besó— y entonces ellos lo trajeron a casa a su residencia actual en el Otro Lado.

El le dijo que su padre ayudaba a muchas almas recién llegadas, igual que él las ha ayudado. Su madre estaba ayudando a traer a aquellos niños que eran llamados a dejar su casa terrenal mientras aún no se desarrollaban —ella estaba ayudando en su educación y su desarrollo y amaba su trabajo.

El encontró placer en la camaradería, con amigos afectuosos que eran afines en espíritu.

Dijo que muchos de sus viejos amigos estaban ahí con él y pasaban momentos muy agradables como en los viejos tiempos. El anhelaba que ella fuera parte de esas conversaciones fascinantes.

El explicó detalles personales de su nueva vida: música exquisita, literatura, el Sunnybank "real" esperando a Anice, su "vestimenta resplandeciente."

Como ella tenía talento musical y sensibilidad para componer, naturalmente quería saber sobre la música. El dijo que la música en su plano era más maravillosamente hermosa que ninguna otra música que se escuchara en la tierra y siguió diciendo que toda la buena música verdadera se originaba en el Otro Lado y era enviada abajo a los compositores de la tierra para usarla cuando creían que era adecuado.

Era igual, el dijo, con los libros y la literatura, la pintura y la escultura, la arquitectura y otras formas de arte. Los pensamientos que comprenden estas obras creativas de arte eran enviados a las almas receptivas de la tierra que estuvieran abiertas a ellos.

Ella quería saber si él leía libros y le contestó, "por supuesto que si." Le informó que había todo tipo de buena literatura donde estaba —no sólo libros de la tierra sino libros creados en diferentes planos del desarrollo humano, mucho más lejano de su plano actual.

Teniendo curiosidad por su casa, ella se preguntaba que tendría en ella. El le dijo que tenía todo lo que ella como buena

ama de casa podría desear, incluyendo, él presumió, el piano
y el órgano más hermosos del universo.

Como siempre había cuidado el guardarropa de Bert,
Anice no pudo resistirse a preguntarle que tipo de indumentaria usaba en su plano actual.

Después de un prolongado silencio, él escribió lentamente
que podría llamarse un tipo de túnica. Después señaló que la
Biblia decía que aquellos espíritus estaban vestidos *"con
vestiduras resplandecientes."* Eso, él dijo, era más o menos
la mejor explicación que le podía dar.

*El habló del descanso sin noche, del "sustento de la
frecuencia," del "amor de Dios trabajando a través y
alrededor de nosotros," y viajes "transportados por el éter,
impulsados por el pensamiento."*

Le dijo que no había noche en el Otro Lado, pero que el
alma tenía descanso.

Cuando le preguntó como descansaba, el contestó con
bastante sencillez que obtenía *"sustento de la frecuencia"* y
siguió explicando que el Río de Dios fluía de la Divinidad a
través de todos los diversos planos del universo y era el Agua
de la Vida. Cuando él se bañaba en ella, eso era todo lo que
necesitaba. El dijo que durante esos preciados momentos uno
estaba solo con el propio Creador, la Luz era suavemente
descansada, un sentimiento beatífico empapaba el alma y él
salía infundido con nueva energía y fuerza.

Después Anice quería saber para que era la casa — ya que
ellos no descansaban o dormían en ella. Una casa era simplemente un sitio para disfrutar, él respondió, un lugar donde se
reconfortaban ellos mismos en una comunidad agradable de
pensamiento al escuchar y tomar parte de las conversaciones
en todos los temas imaginables. Una casa era el centro de la
familia y de la comunidad.

Incansablemente ella siguió adelante pidiendo más y más información. Ella quería saber donde se encontraba él cuando ella lo llamaba, ya que con frecuencia él contestaba de inmediato. Le dijo que en cualquier sitio que ella estuviera, él sólo estaba justo más allá del horizonte y en cualquier lugar que él estuviera, siempre podría escucharla y siempre vendría con ella.

"¿Pero como me encuentras," ella quería saber —"como viajas?"

Su respuesta era simple, pero profunda: *"¡transportado por el éter, propulsado por el pensamiento!"*

El explicó que trabajaba recibiendo a los recién llegados y ayudando "a aquellos que desean ser ayudados."

Entre sus diversas tareas, él ayudaba a otros después de su "muerte" terrenal como él había sido ayudado por sus padres cuando lo guiaron al Otro Lado. El sentía como un deber hermoso y satisfactorio ser capaz de dar una mano de ayuda a todos aquellos que deseaban ser asistidos. Era un placer asegurarles que podían encontrar en seguida la felicidad en este nuevo dominio.

Algunas veces se le pedía traer a los niños pequeños, que su destino fue abandonar la tierra prematuramente, a un lugar donde pudieran crecer, ser felices y útiles y adquirir educación. Había maestros especiales para guiarlos y uno de ellos era su madre Mary que tenía un don especial con los niños. Ella los enseñaba para crecer en personalidades sumamente valiosas.

Con frecuencia era enviado a misiones terrestres para traer a los militares "muertos" "al otro lado de la línea".

Un día, cuando ella le preguntó que había estado haciendo ese día, ella recibió una respuesta que le aclaró más uno de sus diversos deberes.

Bert le respondió que había estado en una "jornada terrestre." Siguió explicando que algunas veces era su deber escoltar a la siguiente dimensión a los jóvenes soldados que habían sido muertos en batalla (esto fue en 1943 —en el punto culminante de la Segunda Guerra Mundial).

La mayoría de las veces, estos jóvenes mártires que habían encontrado la muerte repentinamente no tenían la menor idea de lo que les había sucedido.

El sentía una profunda compasión por ellos mientras intentaban resignarse con el hecho de su "muerte," con la realidad de su condición actual y de su paradero. Algunos tenían miedo, algunos estaban enojados y desafiantes y otros tan confundidos que aún querían seguir peleando. Casi todos simplemente estaban sorprendidos y agradecidos de seguir vivos y desconcertados sobre lo que tenían que hacer a continuación.

Era parte de la tarea de Bert explicarles sus siguientes pasos; dijo que era un sentimiento maravilloso escoltar a los que estaban listos en sus corazones y en sus mentes para trasladarse a un plano más elevado. ¡Porque ahí, "todos los que deseaban obedecer la voluntad de Dios," encontrarían la felicidad y la belleza fuera de lo que hubieran encontrado en la tierra!

El encontró que la religión del Otro Lado era el amor y el servicio y el interés principal "el cuidado y el cultivo del alma."

Ella le preguntó sobre la religión y respondió con sencillez que donde él estaba la religión implicaba amor y servicio. Era tan simple y tan profundo como eso. El dogma no tiene nada que ver con ello. Toda la religión estaba en las enseñanzas de Cristo de amor y servicio. En cualquier momento en que se pedía ayuda, nuestras oraciones siempre eran escuchadas y contestadas —aunque no siempre de la manera en que se esperaba.

Con humildad le contó a Anice como bajó su maestro del décimo plano para ayudarlo en sus estudios hacia la iluminación. El dijo con admiración que su maestro tenía la sabiduría de los años y él lo veneraba más de lo que las palabras pudieran expresar.

El habló de planos de desarrollo espiritual.

Los primeros dos planos estaban donde llegaban los recién llegados y después, según el desarrollo espiritual propio, el desinterés y la substancia del alma personal, la persona se trasladaría a planos más avanzados.

Poco después de su llegada, Bert se encontró en el sexto plano en donde sus padres bajaron del séptimo plano para estar con él. Supuestamente, uno puede trasladarse de un plano a otro libremente así como del plano terrestre y de regreso.

En un punto, Bert dijo que había sido asignado para llevar a las almas recién llegadas de los planos inferiores a otros superiores, que estuvieran más sintonizados con su propio desarrollo espiritual; mencionó cuanto lo cansaba algunas veces esta tarea.

Ella le preguntó porqué esta tarea era tan cansada. Él explicó que los planos más bajos eran donde residían las almas desafiantes, amargadas o enojadas, hasta que se resignaran. Su tarea era intentar elevar sus horizontes y persuadirlas para que buscaran niveles superiores de consciencia. Desafortunadamente, no siempre tenía éxito.

El décimo plano era el más elevado que conocía en ese momento; después de eso, sólo Dios sabía que le esperaba al

alma avanzada. Esto fue lo que encontró tan maravillosamente encantador del Otro Lado —a pesar de la etapa de
desarrollo que se tuviera, cada humano podía, paso a paso,
aprovechar las infinitas oportunidades para expandir su con-
ciencia e incrementar su capacidad de amar a través de la
comprensión y del servicio desinteresado. Pero la decisión
siempre dependía de lo que cada persona decidiera si —y a
que ritmo— él o ella elegía desarrollarse —si lo hacía.

*El le dio varios indicios sobre sus encarnaciones previas
juntos.*

Mientras hablaron del progreso espiritual, Anice preguntó
que había aprendido en el Otro Lado sobre los inicios de la
raza humana.

Dijo que él y Anice. Igual que todos los demás, empezaron primero como átomos elementales, después de varios
eones conocieron la vida como seres humanos. Hace muchos,
muchos años habían conducido burros en los mercados de
Abisinia, habían vagado por las calles de Bagdad vendiendo
flores, estuvieron en Grecia, en España, en Inglaterra y en
otros sitios —ambos habían experimentado muchas encarnaciones diferentes y siempre estuvieron juntos.

El dijo que se le había permitido leer los Registros
Akáshicos —el Libro de la Vida— que ha llevado la historia
de la raza humana desde el inicio de los tiempos. Siguió
diciendo lo asombrado que estaba al ver el progreso del alma
humana desde sus inicios naturales. No se podía menos que
sentir júbilo después de observar el progreso gradual de la
raza humana desde sus raíces rudimentarias.

Estoy seguro que estás preguntándote —como yo lo hice,
cuando tropecé con la frase— lo que Bert quería decir con
Registros Akashicos. La mejor explicación que he encontrado

proviene del genio psíquico Edgar Cayce. *En Muchas Moradas —la Historia de la Reencarnación de Edgar Cayce,* el excelente libro de Gina Cerminara sobre "el profeta durmiente," ella interpreta los Registros Akashicos de la manera siguiente:

> *Akasha es una palabra Sánscrita que se refiere a la sustancia etérica fundamental del universo, con una composición electro-espiritual. En este Akasha queda impreso un registro indeleble de cada sonido, luz, movimiento o pensamiento, desde el inicio del universo manifiesto. La existencia de este registro justifica la habilidad de los clarividentes y los adivinos para ver literalmente el pasado, sin importar que tan remoto pueda ser y sin importar que tan inaccesible sea para el conocimiento humano. El Akasha registra las impresiones como una placa sensible y casi puede ser considerado como una enorme cámara escondida del cosmos. La habilidad para leer estos registros vibratorios reposa de una manera inherente dentro de cada uno de nosotros, siendo dependiente de la sensibilidad de nuestra organización y consiste en sintonizarse a un grado adecuado de la consciencia —muy semejante a la sintonización de un radio a la longitud de onda adecuada.*

Hablando sencillamente, Bert ha estado leyendo en un tapiz de historia increíble conservado en alguna dimensión desconocida de nuestro vasto universo. El famoso psicoterapeuta Suizo el Dr. Carl G. Jung se refirió a un fenómeno similar como "el inconsciente colectivo."

El le otorgó la visión de su desarrollo espiritual máximo.

El dijo que habían sido traídos hasta aquí a través del amor del uno por el otro y a través del Amor y la Luz de Dios que rodea y envuelve todo el universo. Al fusionar su individualidad y al unir su mente y su espíritu, trabajarían como uno solo desde los planos más elevados para la paz y la armonía. El advirtió melancólicamente que si los terrestres pudieran ver la belleza y la maravilla del Otro Lado y sus infinitas posibilidades, la tristeza se desvanecería para siempre.

"En medio de todas estas maravillas" él pensaba continuamente en Anice y expresó su amor eterno en cada comunicación. El se regocijaba con ella por el milagro de su amor mutuo y por la ternura, la belleza y el éxtasis de su comunión diaria.

El le dijo que no debían detenerse en su separación sino que en cambio debían regocijarse por la belleza de su comunión que era un don de Dios y por lo que debían estar agradecidos eternamente.

Bert siempre tuvo un gran interés en las composiciones de Anice así como en sus otras actividades creativas.

Su libro, *El Bert Terhune que Yo Conocí*, ya había sido escrito y enviado a los editores antes de que Bert se comunicara por primera vez a través de la escritura automática. Ahora ahí estaba otro libro que Bert quería que escribiera, un libro que le aseguraría a todas sus amistades y muchas personas más que la vida seguía adelante después de la llamada "muerte."

Cuando Bert habló con ella sobre este nuevo libro, ella recordó todas las preguntas profundas que él había hecho en las anotaciones de su artículo no escrito "Al Otro Lado de la Línea" y ella gradualmente empezó a percatarse que él ya había contestado casi todas las preguntas en su diálogo con ella.

Ella había recibido la primera carta de Bert sin ayuda externa el 5 de Agosto de 1942 y durante los dos meses y medio siguientes, tuvieron una conversación casi todos los días. Repentinamente, el 17 de Octubre en el cierre de una de sus conversaciones diarias, él escribió: "¡Querida, nuestro libro ya está escrito!" ¡Y después dijo una oración de que el libro tendría la bendición de Dios y sería un mensaje de esperanza y de seguridad para todos los que lo leyeran!

Sin embargo, por supuesto que el libro aún no había sido escrito realmente. Lo que Bert estaba diciendo a su amada Anice era en esencia, "Está bien, querida Annie, te he dado las respuestas lo mejor que he podido desde donde estoy. Ahora tú júntalas y haz un libro con ellas."

¡Que es exactamente lo que ella hizo!

Bajo su guía ella reunió un pequeño libro que empezó con un ensayo corto y anotaciones en lo que él suponía que nos pasaba a todos nosotros "al otro lado de la línea." A continuación de esto había una narración de todo lo que ocurrió después de que vino con ella después de su muerte.

El libro, titulado comprensiblemente, *Al Otro Lado de la Línea*, fue publicado en 1945 por E. P. Dutton y Compañía, la casa que publicó por primera vez el libro que había cambiado sus vidas con el —Best seller, *Lad, un Perro*.

Fue favorecido por el Dr. Sherwood Eddy, un clérigo distinguido y misionero y autor de más de treinta libros populares incluyendo un tratado espléndido en *Tu Sobrevivirás Después de la Muerte*, como: "lo más claro, convincente y útil… Muestra sin lugar a dudas, yo pienso, una evidencia contundente de la supervivencia de la personalidad individual… Este libro le dará a muchos, sólo los cimientos para la fe y la esperanza que necesitan."

El Reverendo Dr. Joseph R. Sizoo, Presidente del Seminario Teológico de New Brunswick (N.J.), que escribió un Prólogo para el libro comentó: "El corazón humano siempre se ha rebelado en contra del silencio de la muerte... Aquí está el registro de alguien que afirma que no sólo es posible sino que ha sido experimentado. Esta no es la primera voz que ha protestado en contra del silencio de la muerte y gritado de júbilo, *He escuchado y he visto*. Léelo, buen amigo, atentamente, con optimismo y devoción. Cuando lo hagas, llegará un nuevo significado a la confesión eterna de la fe Cristiana, *Yo creo en la comunión de los santos*".

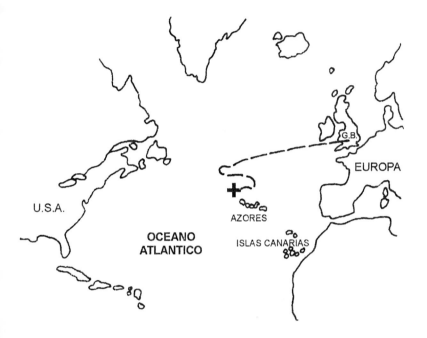

Probable plan de vuelo del Capitán Walter Raymond Hinchliffe, intentado lograr el primer vuelo sin escalas Este-Oeste cruzando el Océano Atlántico, de Inglaterra a Nueva York en Abril de 1928. Su aeroplano, representando el modelo de esos tiempos, tenía 200 caballos de fuerza, de un sólo motor, Stinson Detroiter, fabricado en los Estados Unidos. Elsie Mackay, una heredera Británica que financió la aventura, fue su pasajera.

Capítulo 5

Cap. W. R. Hinchliffe

El mejor aviador británico. El Cap. Hinchliffe unos cuantos días después de su fatal accidente transatlántico, busca amorosamente a su esposa y a sus hijas pequeñas desde el Mundo del Más Allá, después da una imagen gráfica de su vida significativa en el Otro Lado.

Marzo 13 de 1928 a las 8:35 A.M.. el notable aviador Británico, el Cap. Walter Raymond Hinchliffe, despegó en un monoplano Stinson del aeródromo de la R.F.A. en Cranwell intentando hacer el primer vuelo sin escalas, Este-Oeste cruzando el Océano Atlántico de Gran Bretaña a Nueva York. Cinco horas más tarde, su avión monoplano fue localizado sobre el Condado Cork, Irlanda, después desapareció dentro de siniestras nubes grises sobre el Océano Atlántico, nunca más se le volvió a ver o se le escuchó.

Dieciocho días después mientras esperaba una comunicación a través de su tabla de la ouija, de su amado hijo que fue muerto en la Primera Guerra Mundial, la Sra. Beatrice

Earl fue interrumpida por un mensaje urgente de una persona desencarnada que aseguraba ser el Cap. Hinchliffe desaparecido.

La Sra. Earl era una estudiante principiante del fenómeno psíquico y no afirmaba ser médium, pero tenía una capacidad psíquica considerable y había sido consolada durante los años por los mensajes felices y alentadores que había recibido de su hijo ya fallecido. El tono de los mensajes de Hinchliffe era bastante diferente; era tan urgente que casi era desesperado. Le rogaba a la Sra. Earl que se pusiera en contacto con su esposa y en mensajes posteriores le dijo que podía comunicarse con ella por medio de su abogado, hasta deletreó el nombre del abogado, DRUMMONS —y la calle y la ciudad donde localizarlo— HIGH STREET, CROWDON. Para su sorpresa, el nombre de ese abogado en esa dirección efectivamente estaba en el directorio.

El 12 de Abril, por la urgencia emocional expresada en sus mensajes y como le había implorado en dos o más ocasiones ponerse en contacto con su esposa, la Sra. Earl decidió correr el riesgo y transmitir sus mensajes a la Sra. Hinchliffe. Sin embargo, con temor a que la carta fuera rechazada, como si fuera producto de una mente perturbada o un ataque de locura retorcido de un "charlatán" o de un "chiflado," también le escribió a Sir Arthur Conan Doyle pidiéndole su consejo.

Al recibir su carta, Sir Arthur amablemente se movilizó para ayudarla. Primero, él investigó el nombre del abogado de Hinchliffe y descubrió que coincidía con el nombre y la dirección que dio la Sra. Earl. Le escribió a la Sra. Hinchliffe una carta alentadora en la que le expresaba su más profundo pésame por su pena. Le decía que "la Sra. Earl tiene lo que parece un mensaje verdadero de su esposo, enviándole su amor y asegurándole que todo está bien con él." El hizo la observación del hecho de que la dirección del abogado de su esposo era correcta "sin duda es notable."

Como consecuencia de la atenta carta de Sir Arthur, la Sra. Hinchliffe llegó a ser una amiga fiel de la Sra. Earl quien a su vez la puso en contacto con la entonces médium mundialmente famosa, Eileen Garrett. La Sra. Garrett se había vuelto famosa por la exactitud de su información de las personas del Otro Lado.

En el transcurso de varias sesiones la Sra. Hinchliffe tuvo posteriormente, con esta increíblemente dotada médium, a su esposo el Cap. Hinchliffe que convenció a su esposa que aún existía, demostrándole a ella por muchos comentarios evidenciables personales e íntimos que él estaba bastante vivo, aunque en otra dimensión. Segundo, él le dio un sabio consejo para asegurar la tranquilidad económica de su familia de una manera que le sorprendió.

Tercero, en sesiones mucho más adelante, le dio una imagen conmovedora y gráfica de su vida en el Otro Lado.

Varios meses después, la Sra. Hinchliffe estaba tan conmovida por estos sucesos aparentemente milagrosos que se ofreció para dar testimonio de ello públicamente. En numerosas ocasiones y sin cobrar, ella habló ante un público embelesado en una sala de conferencias abarrotada, con la esperanza de poder compartir su creencia de la vida después de la muerte.

En el momento del vuelo fatal en 1928, el Cap. Walter Raymond Hinchliffe era un héroe nacional para el pueblo de la Gran Bretaña.

El había sido un piloto intrépido sobresaliente en la Guerra Mundial, había derribado siete aviones Alemanes y ganó la Distinguida Cruz de Vuelo. En uno de sus diversos "combates aéreos" con sus adversarios Alemanes del aire, una bala enemiga le perforó su ojo derecho; el parche negro que usaba sobre este, lo hizo más enigmático. Como era típico de su valor apasionado regresó a volar unas cuantas semanas después de la lesión.

Era un hombre delgado y apuesto, tenía el carisma de un aventurero junto con la sofisticación tranquila y seguridad en si mismo de un hombre mundano.

Estando al principio de sus treinta años, tenía 9,000 horas de vuelo, probablemente más que nadie en Gran Bretaña. Después de la guerra había estado abriendo nuevas rutas para KLM cuando esa gran Aerolínea Holandesa apenas estaba empezando. Posteriormente, el ayudó a su propio país a que lanzara y desarrollara su primer aerolínea importante, Imperial Airways.

Hinchliffe era más que un simple aviador diestro y valeroso. Era un pintor talentoso, deportista de nacimiento, un ávido lector, un estudiante de desarrollos científicos y de asuntos del mundo, hablaba cuatro idiomas —en poco tiempo, fue un hombre Renacentista verdadero.

Pero sobre todo el era un esposo leal y un hombre dedicado a la familia. Amaba a su esposa, Emilie, una alta y hermosa morena que había cautivado su corazón desde el momento en que la conoció. Esto sucedió cuando él era Jefe de Pilotos de KLM y ella era Secretaria Ejecutiva de su Gerente General. Su encantada aventura amorosa matrimonial los bendijo con dos hijas maravillosas —Joan, de cuatro años y Pam, de tan sólo cuatro meses. Sin importar a donde lo enviaran en sus asignaciones de vuelo, fueran 500 o 3,000 millas de distancia, él siempre le hablaba o le enviaba un telegrama a su Emilie para hacerle saber que aún la adoraba y para darle su amor a sus dos preciosas pequeñas.

Después de su esposa y su familia, su segunda pasión era el crecimiento y el desarrollo de la aviación. El vio la aviación como un medio para llevar a diferentes gentes de muchas nacionalidades a un mundo de paz.

Un año antes, el 21 de Mayo de 1927 él estaba emocionado, igual que lo estaba el mundo, por el audaz vuelo solo sin escalas de un joven Americano, Charles A. Lindbergh, en un monoplano de un sólo motor "El Espíritu de San Luis" desde Nueva York a París en sólo 33 horas —el primer espectáculo en la historia de la aviación.

Unas cuantas semanas después, Clarence Chamberlin y su socio capitalista, Charles Levine, volaron en un monoplano Bellanca "El Columbia" 4,000 millas sin escalas desde Nueva York hasta Alemania.

Después el 29 de Junio de 1927 el Comandante Richard Evelyn Byrd, ya famoso por su intrépido vuelo en 1926 sobre el Polo Norte, despegó con otros tres tripulantes veteranos en un aeroplano multimotor "América" desde Nueva York a París. Aunque llegaron con éxito a su destino, París estaba tan cubierta de niebla que no pudieron aterrizar; manteniéndose en vuelo hasta que el combustible se agotó, haciendo un amarizage forzoso exactamente fuera de las costas de Francia, saliendo del agua el 1o de Julio, después de 42 horas de hábil vuelo sin escalas —otro punto de referencia de aviación histórico.

Hinchliffe anhelaba ser parte de esas aventuras pioneras. El deseaba usar su talento para ayudar a extender los horizontes de la aviación como lo habían hecho estos hombres. Durante mucho tiempo el había contemplado cruzar el Atlántico de este a oeste, de Inglaterra a Nueva York. El era temerario, ya que en 1927 dos de sus amigos habían intentado esa travesía en un Fokker, saliendo de Salisbury Plain, Gran

Bretaña hacia Montreal, pero después de cruzar Irlanda y tomar rumbo hacia el Atlántico, habían desaparecido. Resistiendo los vientos de frente fortísimos, la travesía este-oeste del Atlántico la hacía aún más formidable que un vuelo oeste-este con vientos de cola que incrementan tu velocidad. Un crucero este-oeste disminuye tu velocidad, se requiere de más combustible, un avión más fuerte y mucho más resistencia personal. Con su habilidad y su experiencia, con una planeación cuidadosa y el avión adecuado, él estaba seguro que podía enfrentar el reto.

También, estaba consciente de que sus días de vuelo estaban inevitablemente contados. La visión de su ojo sano estaba disminuyendo. Si algún día quería hacer algo de la talla de los vuelos de Lindbergh, Chamberlin y de Byrd, tenía que ser en este momento. No sólo estaba en juego la fama; ese vuelo podría asegurar la tranquilidad económica para él y su familia el resto de sus vidas.

Habló esto con Emilie. Ellos estaban de acuerdo en el desarrollo de su profesión; en sus vuelos ella vivía con él en espíritu y tomó un gran interés en sus planes futuros. Ella comprendía los riesgos de la aventura que él soñaba, pero sabía que no haría nada temerario.

Hinchliffe le aseguró a Emilie que si emprendía ese vuelo, él insistiría que su patrocinador le diera la póliza de un seguro de vida por £10,000 esterlinas a su nombre —cerca de medio millón de dólares al cambio de ahora. Con eso, aunque si Dios no lo quiera, el vuelo resultaba su muerte, él dejaría segura a su familia, económicamente.

A pesar de sus negociaciones tan inflexibles, para su gran asombro, él encontró en seguida un socio capitalista. O más bien, un socio capitalista lo buscó a él. Elsie Mackay era la elegante hija de James Lyle Mackay, mejor conocido en la prensa como Lord Inchape, el magnate naviero internacional cuyos transatlánticos de lujo de la Línea de Barcos P. & O. hacía el trayecto al Oriente productivamente.

Elsie Mackay a menudo era presentada en rotograbado, en las secciones de modelaje y sociales de la prensa Británica. A los 34 años, era una actriz brillante tanto de los escenarios de Londres como del cine Británico, una amazona realizada, una hábil aviadora y una de la herederas más ricas de Inglaterra. Su última ambición era ser la primera mujer que volara el Atlántico.

Aunque aún no lo conocía, la Srita. Mackay decidió que el distinguido Cap. Hinchliffe debía ser su piloto en esta aventura. Ella averiguó en el Ministerio del Aire Británico como ponerse en contacto con él e inmediatamente lo contrató. En su primer encuentro, ella le dio un anticipo mensual generoso para cubrir los preparativos necesarios para un vuelo este-oeste de Inglaterra a Nueva York, le dio carta blanca para elegir su propio avión para el vuelo y lo envió a los Estados Unidos para comprarlo. Ella le otorgó todo el dinero del premio y estuvo de acuerdo en asegurar su vida por £10,000 esterlinas.

El avión que compró Hinchliffe mientras estaba en los Estados Unidos era un Stinson Detroiter, de 32 pies de largo, con un sólo motor Whirlwind de 200 caballos de fuerza y con una velocidad de 128 millas por hora —que actualmente parece muy lento, pero era impresionante en 1928.

Fueron meses de una preparación concentrada, llevada a cabo por la supervisión de Hinchliffe de cada detalle del ensamblaje del nuevo avión en Messers. Vickers Works estaba en el aeródromo de Brookland. Instaló un nuevo indicador de deriva y una brújula especialmente diseñada para aviación. Habiendo estudiado la velocidad de crucero de la aeronave y el consumo de combustible, con la ayuda de expertos del Ministerio del Aire él desarrolló mapas y trazó rutas alternas. Se tomaron medidas preventivas contra la posible formación de hielo en las alas y en el fuselaje. El solicitó al Ministerio del Aire la autorización para utilizar la pista más larga del aeródromo de la RFA en Cranwell por el peso excesivo por carga de combustible en el despegue.

Antes del vuelo, la Srita. Mackay le aseguró tanto a Hinchliffe como a Emilie que había puesto dos cheques en el correo, uno para la póliza del seguro de vida por £10,000 esterlinas solicitado y el segundo por los servicios del capitán durante seis semanas, más todos los gastos que se generaron durante los preparativos especiales.

La mañana del despegue finalmente llegó —13 de Marzo de 1928. Después de las despedidas llenas de lágrimas, el avión, muy pesado por la carga, inició su carrera de despegue en la pista larga, elevándose lentamente en el aire a las 8:35 a.m.

Las últimas palabras de Hinchliffe que entraron en la bitácora de vuelo del avión fueron, "La confianza que tengo en el éxito de nuestra aventura ahora es del 100%." La Sra. Hinchliffe en su libro *El Retorno del Capitán Hinchliffe* agregó, "Nosotros, los que lo amábamos teníamos la misma confianza. La más remota posibilidad de falla no se nos ocurrió a ninguno de nosotros."

Hubo un reporte del avión, localizado sobre Irlanda 5 horas más tarde —a la 1:40 p.m. Este fue el primer y único reporte.

Después silencio.

Silencio durante varios días — extendiéndose a semanas.

Cada día de la primera semana después del despegue los periódicos sensacionalistas desplegaron una nueva historia en la primera página con el encabezado: "Hinchliffe y Mackay aún siguen perdidos." Pero entonces, suponiéndolos muertos, los periódicos y la radio cambiaron a otros sucesos periodísticos de mayor interés. El mundo seguía su curso mientras Emilie había quedado sola esperando y orando.

Pasó todo un mes.

El 13 de Abril, treinta días después de la fecha de su despegue, ella recibió la siguiente carta de la Sra. Beatrice Earl:

Querida Sra. Hinchliffe,

Usted disculpará a una perfecta extraña escribiéndole. Supongo que usted es la viuda del Sr. Hinchliffe, el aviador, perdido el otro día. Estaba escribiendo y recibí una comunicación de él el otro día, cayeron al mar, cerca de las islas de Sotavento, por la noche, etc. Su gran ansiedad es comunicarse con usted. Por supuesto, puede no dar crédito a la posibilidad de la comunicación, pero él ha sido insistente, tres veces, que debo escribirle y correr el riesgo.

Le saluda atentamente,

Beatrice Earl

La carta no la inquietó. Casi de una manera automática, supuso que la Sra. Earl era una charlatana. A continuación lo dio por terminado ya que no creía en la vida después de la muerte. Su fe en las creencias religiosas tradicionales era prácticamente nula. Sus hijas habían sido bautizadas por una concesión al tradicionalismo, pero ella casi nunca fue a la iglesia. Mientras que creía en un poder superior y en privado decía sus oraciones a ese poder, su fe tenía raíces en la esperanza más que en una convicción ferviente.

En su libro *El Retorno del Capitán Hinchliffe,* ella recordó la mañana del Domingo cuando ambos, ella y Ray habían leído un artículo sobre el tema de la vida después de la muerte por Hannen Swaffer en el Sunday Express que citaba a mucha gente famosa que había llegado a una firme creencia en la supervivencia de la raza humana después de la tumba, por la evidencia psíquica.

Entre las gentes muy respetables mencionadas en el artículo se encontraban Sir Arthur Conan Doyle, Sir Oliver Lodge, el filósofo Francés Henry Bergson, el psicoanalista Carl Jung y el antiguo primer ministro de Inglaterra, Earl de Balfour, que estaba convencido que años después de su muerte prematura, las médiums lo habían puesto en contacto con una mujer que aún amaba profundamente. Todo esto era increíble para ella y para Ray. Como lo señaló ella en su libro, el comentario de Ray fue despreocupado pero despectivo, "¡Absurdo e imposible!" y ella estuvo de acuerdo.

Acompañando la carta de la Sra. Earl para Emilie, había unas breves transcripciones de su comunicación con una entidad que manifestaba ser su esposo —¡transmitida por una tabla de la ouija! Esto hizo que dudara aún más.

Emilie sabía algo sobre la tabla de la ouija, igual que todo mundo en Gran Bretaña y en los Estados Unidos en ese momento; ella le dio al "juguete" poca credibilidad. Había estado de "moda" en los años veinte, era un juego de salón para animar las fiestas aburridas. Sus jugadores descubrieron que entre los mensajes extraños y sin sentido, algunas veces se podía encontrar respuestas sorprendentemente exactas.

Era un artefacto simple que desde tiempos remotos se había usado como un medio para una supuesta comunicación con desencarnados o con el propio subconsciente en la China de Confucio (551-479 a.C.) y en la Grecia de Pitágoras (alrededor de 540 a.C.). Actualmente la tabla de la ouija consiste en una pieza lisa de cartón o de madera barnizada de 18'' x 12'' (aproximadamente), con el alfabeto grabado alrededor de sus bordes, un "si" en un lado y un "no" en el otro. Los mensajes se recibían a través de un puntero ligero en el cual se coloca uno de los dedos y se espera que alguna fuerza invisible lo deslice por las diversas letras, o responda las preguntas con "si" o "no."

A pesar de la reacción negativa de Emilie a la carta de la Sra. Earl, de su escepticismo de toda la vida sobre la inmortalidad y de su opinión dudosa por la tabla de la ouija, no obstante las transcripciones de las conversaciones de la Sra. Earl con su supuesto esposo la hicieron vacilar. No podía evitar leerlas una y otra vez.

El primer mensaje recibido por la Sra. Earl el 31 de marzo decía:

Entidad no identificada: *¿Puede ayudar a un hombre que se ahogó?*

Sra. Earl: ¿Quien eres?

Entidad no identificada: *Me ahogué con Elsie Mackay.*

Sra. Earl: (relacionando a la Srita. Mackay con Hinchliffe). ¿Cómo sucedió?

Hinchliffe: *Niebla, tormenta, vientos. Caímos directamente, desde gran altura.*

Sra. Earl: ¿Dónde sucedió?

Hinchliffe: *En las Islas sotavento. Dile a mi esposa que quiero hablar con ella. Tengo una gran angustia.*

El segundo mensaje, fechado del 11 de abril dice:

Hinchliffe: *Dile a mi esposa que quiero hablar con ella.*

Sra. Earl: ¿Dónde dices que cayeron?

Hinchliffe: *En las Islas Sotavento, caímos directamente. Debo hablar con mi esposa.*

Sra. Earl: ¿Dónde puedo encontrarla?

Hinchliffe: *Purley, si no llega la carta, diríjase con Drummons, High Street, Croydon. Por favor compruebe que lo que digo es correcto.*

Después el 12 de abril un tercer mensaje suplicando ayuda, decía:

Hinchliffe: *Por favor deje que mi esposa lo sepa, Sra. Earl, se lo imploro.*

Sra. Earl: Es mucho riesgo, tal vez no lo crea.

Hinchliffe: *Corra el riesgo, toda mi vida estuvo llena de riesgos: ¡Debo hablar con ella!*

A pesar de sus dudas iniciales, Emilie estaba encantada con la carta de la Sra. Earl y los tres mensajes de su esposo Ray —si en verdad fuera Ray. El segundo mensaje la sorprendió particularmente —porque su casa estaba en Purley y Drummons era, en efecto el abogado de Ray y tenía su oficina en High Street en Croydon. Estaba asombrada que esa información tan correcta le hubiera llegado a la Sra. Earl a través de una tabla de la ouija. Por otro lado, la referencia de las "islas sotavento" parecía ridícula.

Haciendo referencia de la carta de la Sra. Earl en su libro, ella dijo, "Al haber leído a menudo en las novelas sobre médiums que usualmente eran un fraude y cuyo interés principal era sacarle el dinero a los crédulos que engañaban, dudé en responderle." Otra vez recordó los comentarios de Ray sobre el reino psíquico: "¡Absurdo e imposible!"

Sin embargo, algo impedía que descartara el tema. Como no dejaba de pensarlo acudió a sus amistades preguntándoles si sabían algo sobre espiritualismo. Igual que la mayoría de las personas de la raza humana, en seguida respondieron que no tenían ni idea de ello, entonces casi tan rápidamente ridiculizaban toda la idea.

No obstante, a pesar de sus comentarios negativos y del rechazo general de Ray a todo el campo psíquico, descubrió que le era imposible destruir la carta de la Sra. Earl.

Una línea de la tercera transcripción, *"¡Corra el riesgo, toda mi vida estuvo llena de riesgos!"* hacía que algo dentro de ella le doliera y hacía que brotaran lágrimas en sus ojos —Ray hubiera dicho eso.

El 12 de abril, el mismo día que la Sra. Earl le escribió a Emilie Hinchliffe, también le escribió a Sir Arthur Conan Doyle, enviando otra copia de sus transcripciones. Temiendo que ella se estuviera engañando a si misma quería un consejo.

El día siguiente sintió el impulso de intentar otra vez con la tabla de la ouija. Después de un breve periodo de silencio, el puntero que estaba bajo sus dedos empezó a moverse lentamente, deletreando:

"Le agradezco lo que ha hecho. Mi esposa todavía tiene la esperanza de que yo esté vivo. Me alegra que le haya dicho a Doyle."

El mensaje la hizo sentirse menos ridícula ya que había confirmado la validez de sus comunicaciones anteriores.

Cuando Sir Arthur recibió su carta, de inmediato verificó en el directorio el nombre y la dirección del abogado de Hinchliffe. Estaba muy impresionado que el desencarnado hubiera transmitido el nombre y la dirección correcta —algo que la Sra. Earl no podía haber sabido.

El le recomendó a la Sra. Earl que como precaución verificara el significado de sus mensajes con los hallazgos de una médium de trance seria, a la que le tenía gran confianza, la Sra. Eileen Garrett. Le solicitó su autorización para hacerle una cita para una sesión con la Sra. Garrett.

La Sra. Earl en seguida aceptó ya que ella conocía personalmente el espléndido trabajo de la Sra. Garrett. Unos años antes, cuando ella aparentemente había entablado comunicación con su hijo, después de su muerte durante la Primera Guerra Mundial, a través de la tabla ouija y temía estarse engañando a si misma, había acudido con la Sra. Garrett a la Alianza Espiritualista de Londres y recibió la confirmación.

Del mismo modo que los hallazgos de la Sra. Garrett habían comprobado el hecho de que su hijo era feliz y próspero en el Otro Lado, su sesión con ella el 18 de abril verificó la información que ella había recibido previamente del Cap. Hinchliffe.

Después de haber intercambiado unas cuantas bromas, la Sra. Garrett respirando profundamente, rápidamente se sumió en un trance y llegó la voz grave de su espíritu Uvani.

Uvani: *Saludos hermana, espero poder ayudarte.*

Sra. Earl: ¿Me podrías decir algo sobre el Capitán Hinchliffe?

Uvani: *Si. Ha estado muy cerca de ti. El piensa que ha tenido éxito contigo.*

Sra. Earl: ¿Me puedes decir que sucedió?

Uvani: *Se alejó mucho de su curso.*
Aproximadamente quinientas millas al sur.

Sra. Earl: ¿Se dañó la máquina?

Uvani: *No.*

Sra. Earl: ¿Tenía poco combustible?

Uvani: *No tenía suficiente para aterrizar en ningún lado. Sacudido por los vientos, la lluvia y la tormenta.*

Sra. Earl: ¿Sufrió?

Uvani: *No. Sucedió con demasiada rapidez...*
Su gran ansiedad es su esposa. Quiere hablar con ella. Creo que su esposa no es Inglesa. Tiene un bebé, creo, y no estoy seguro si tiene otro hijo.

La Sra. Earl se sentía complacida al observar que la información recibida corroboraba sus mensajes anteriores. Lo que más la alegraba era ¡que el Capitán Hinchliffe aún vivía! Eso era lo más importante.

A la fecha, la Sra. Earl no había recibido respuesta de la esposa del famoso aviador de su carta del 12 de abril. Transmitiéndole a ella estas buenas noticias adicionales, pedía fervientemente saber de ella pronto. Mientras esperaba la contestación, envió su relato de la sesión escrito a mano, al Dr. Conan Doyle.

En mayo de 1928, a pesar de que él no lo sabía, Sir Arthur tenía menos de 26 meses de vida en la tierra. Su vigor y su energía parecían incansables ya que seguía su itinerario agotador de conferencias y de redacción.

Todos los días recibía más de 60 cartas de gente como la Sra. Earl solicitando su ayuda. A pesar de su agenda tan ocupada y su vida pública exigente, encontraba el tiempo para contestarlas todas.

La segunda carta de la Sra. Earl con sus notas a mano de la sesión con la Sra. Garrett, ahora lo convencía plenamente que la Sra. Earl estaba tratando con un caso autentico demostrable. Encontró esto particularmente conmovedor porque conocía las proezas intrépidas del Capitán Hinchliffe, lo había admirado mucho y sentía que su fallecimiento era una gran pérdida para la aviación. Ahora anhelaba comunicarse y consolar a su viuda y asegurarle que su esposo aún vivía. El 14 de Mayo de 1928 él escribió:

Querida Sra. Hinchliffe,

Permítame expresarle mi más profundo pésame por su dolor.

Me pregunto si recibió una carta de la Sra. Earl. Ella ha tenido lo que parece un verdadero mensaje de su esposo, enviando su amor y asegurando que todo estaba bien con él. Tengo todos los motivos para creer que la Sra. Earl es digna de confianza y del hecho de que el mensaje contiene la dirección correcta de un abogado, conocido por su esposo y no por la Sra. Earl es verdaderamente extraordinario.

Una segunda médium corroboró el mensaje. La médium señaló que usted no es Inglesa y que tiene un bebé y ella pensaba que otro hijo. Estoy interesado en saber si eso es correcto. Si no lo es, no perjudica el mensaje de la primera médium. Estoy escribiendo en lo que parece ser la petición de su esposo para llevar el asunto ante usted. Según el mensaje, el avión se alejó mucho al sur. Lo mencionaré de una manera cautelosa en mi reportaje de la próxima semana en el Sunday Express.

Por favor escríbame unas líneas.

Le saluda atentamente,

A. Conan Doyle

Cuando Emilie recibió esta carta, se sentía sorprendida y conmovida que una persona como el Dr. Conan Doyle de fama mundial se tomara la molestia de escribirle a ella —y de escribirle con tal interés y atención.

El Sábado por la tarde del 19 de Mayo de 1928, la Sra. Earl recibió a Emilie en su casa. Emilie descubrió que su anfitriona era la bondad misma, una mujer sincera cuyo único motivo parecía ser que ella quería ayudar a otros del mismo modo que ella fue ayudada después de la muerte de su hijo en la Gran Guerra.

La Sra. Earl habló tristemente de la forma en que ella había sufrido durante esos momentos difíciles. Los mensajes de su hijo en la tabla ouija y la corroboración que recibió a continuación a través de las sesiones con la Sra. Garrett la convencieron de que su hijo estaba vivo en la siguiente dimensión.

Las dos mujeres tuvieron dos horas de una conversación fascinante tomando té. Emilie escuchó extasiada, olvidando por un momento su escepticismo natural por las cosas ocultas.

Como paso siguiente, la Sra. Earl le recomendó que aunque sentía que los mensajes que ella había recibido por medio de la tabla ouija eran auténticos, podría ser mejor si Emilie intentaba con una médium en trance como la Sra. Garrett. Ella señaló que una tabla ouija podría ser un poco lenta para el Capitán Hinchliffe que sentía que tenía una gran cantidad de cosas que quería decir con urgencia a su esposa. Agradecida por su recomendación, Emilie le pidió a la Sra. Earl que hiciera una cita con la Sra. Garrett lo más pronto posible.

Al regresar a casa esa tarde, a pesar de la evidente sinceridad de la Sra. Earl, Emilie aún estaba en un dilema sobre que pensar del reino psíquico. Otra vez, la asaltaban las dudas.

Ella anhelaba creer que su amado Ray aún vivía, incluso en un "plano diferente" o en "otra dimensión" invisible vagamente descrita. El sólo hecho de saber que aún vivía hubiera sido más importante para ella que cualquier cosa en el mundo. ¿Pero se atrevería a creer?

"No creo nada," le confesó a sus amistades esa tarde, habiéndoles relatado toda la historia de su encuentro con la Sra. Earl. Ella estaba totalmente desconcertada. "Puede ser cierto o no."

Entonces sus ojos perdieron su dulzura y sus labios se apretaron endureciéndose. "¡Puede ser cierto o no, pero voy a averiguarlo!" prometió con determinación.

Desde el principio, ella había encubierto su presentimiento de ir a una sesión y le había confesado francamente a la Sra. Earl que le estaría muy agradecida si su amiga la pudiera acompañar. El pensamiento de estar una hora encerrada en una habitación extraña, oscura con una perfecta desconocida que estaba perdida en un trance inconsciente y hablando con la voz de alguien más le daba "escalofríos."

La Sra. Earl la escoltó a la casa de campo con columnas blancas de la Alianza Espiritualista de Londres. En el segundo piso de una biblioteca espaciosa de libros psíquicos, ella y la Sra. Earl fueron acompañadas a una sala de espera amueblada elegantemente con el alegre resplandor de una chimenea y los rayos del sol filtrándose a través de las ventanas. La luz del sol brillante tranquilizaba particularmente a Emilie ya que estaba decidida a mantener un registro taquigráfico de la sesión y con la claridad de la luz del día podía escribir fácilmente con taquigrafía todo lo que se dijera.

Su sorpresa continuó cuando conoció a Eileen Garrett. Aquí no había ninguna psíquica gitana con apariencia de bruja extendiendo su mano por dinero, sino que en cambio, había una mujer atractiva vestida con elegancia cuyo rostro dulce y radiante y sus hermosos ojos azul-verdes, su boca grande y su atractiva sonrisa contagiosa mostraban instantáneamente su cálido magnetismo personal.

Para su mayor sorpresa, la Sra. Earl deliberadamente la presentó con la Sra. Garrett sin dar su nombre —simplemente como una amiga que la acompañaba. Resultó que, a pesar de la discreción de la Sra. Earl, la sesión reveló de inmediato la personalidad de su esposo.

Emilie estaba avisada tanto por la Sra. Earl como por la Sra. Garrett que cuando Eileen Garrett entraba en trance, un guía o "espíritu," supuestamente del Otro Lado, temporalmente tomaría el cuerpo de la médium durmiente a través de sus cuerdas bucales. No obstante, ella quedó estupefacta al ver que después de que la Sra. Garrett se estiró, bostezó, gimió ligeramente y después se desmayó entrando a un estado de trance de una inconsciencia aparente, su guía empezó a hablar a través de ella con una voz masculina ronca con un acento extranjero marcado, presentándose como Uvani.

Pero sobre todo lo que más sorprendió y asombró a Emilie fue que la entidad que afirmaba ser su esposo llegó con 25 piezas de información asombrosamente exacta, algunos detalles eran tan personales que nadie, más que el propio querido Ray sería posible que los supiera.

Aquí está la esencia del dialogo de la sesión como la escuchó y la transcribió Emilie —con sus comentarios, que fueron hechos más tarde:

Uvani: *Eres una recién llegada, no te había visto por aquí antes. Hay dos o tres gentes a tu alrededor.*
En primer lugar hay una dama, entre 62 y 65 años, de corta estatura, llamada Elise Elizabeth.

Emilie: La reconozco como mi abuela que falleció en 1901.

Uvani: *Aquí viene alguien muy querido para ti, un hombre muy joven. El salió repentinamente. Era muy alegre y lleno de vida. El murió debido a una fuerte congestión del corazón y de los pulmones pero fue en un estado de inconsciencia.*

Emilie: Debido al hundimiento.

Uvani: *Me enseña retratos, él menciona el nombre de Joan —pequeña Joan.*

Emilie: Mi esposo siempre llamaba a su hija mayor "Pequeña Joan."

Uvani: *El estaba lleno de vida, estaba lleno de velocidad, tal vez coches o aviones. El falleció después de haber volado en un aeroplano. El tenía 33 años.*

Emilie: Los cuatro puntos son correctos.

Uvani: *El sufre con los ojos, continuamente se frota un ojo y está riéndose. ¿Que le pasó a un ojo?*

Emilie: El acostumbraba usar un parche como consecuencia de una herida de la guerra.

Uvani: *El debe ser tu esposo, sigue señalando un anillo en un dedo.*

Emilie: Correcto.

Uvani: *El habla de una pequeña bebé, la bebé no está sola. Se refiere otra vez a una niña, a la que llama Joan.*

Uvani: *Cuando murió, él tenía en su posesión un retrato de Joan.*

Emilie: Otra vez correcto.

Uvani: *El pregunta: ¿Tienes el reloj que te dio con su nombre en el?*

Emilie: Un reloj que me dio mi esposo tres meses antes de su muerte.

Uvani: *El dice: No te preocupes por este reloj, lo llevaba con él, el que tenía una inscripción, que se le dio en una ceremonia.*

Emilie: Me preguntaba donde estaba este reloj de mi esposo, dos días antes de que se fuera, había observado que la correa estaba rota y me preguntaba si se lo habría llevado con él. No se lo había mencionado a nadie.

Uvani: *¿Tienes contigo el brazalete, el que te dio?*

Emilie: Lo estaba usando. Era un regalo de compromiso.

Uvani: *Tu esposo menciona varios nombres de gente que ha visto; está por ejemplo Herman y Wilhelm. A los dos los ha visto aquí.*

Emilie: Reconocidos. Ambos son aviadores amigos de mi esposo. Herman, un piloto muerto en Holanda en 1925, Wilhelm muerto en un accidente de aviación en 1926.

Siguió una breve descripción del último vuelo de Hinchliffe. Emilie la transcribió exactamente como se dio. Estaba conmovida por el hecho de que aunque la voz era la de Uvani, "las palabras eran las de mi esposo."

Uvani: (Hinchliffe ahora hablaba directamente a través de él) *Salí en la mañana y estuve en el avión un día y una noche. A las dos en punto fue la última vez que se vio la tierra.*

Emilie: Correcto.

Uvani: *Después de ocho horas de un vuelo estable,*
las corrientes eran fuertes, la visibilidad era mala,
el mar estaba en calma, niebla y fue más tarde,
a 400 millas cuando encontré las tormentas.

Emilie: Correcto otra vez. Confirmado por el gobierno
con el mapa meteorológico del día del vuelo.

Uvani: *Volé en dirección oeste-norte-oeste y mi intención*
principal era mantener hacia el norte, para
mantener un rumbo al norte.

Emilie: Su intención siempre fue la de mantenerse hacia
el norte.

Uvani: *Tenía la esperanza de ir hacia Labrador, esta era*
mi intención en caso de algún problema.
Sin embargo, entre más volaba al norte, más era
azotado y era imposible vivir en ello. Volé en una
dirección oeste-norte-oeste a una velocidad de
80-90 millas por hora, desde las 2 p.m. hasta las
10 p.m. así que prácticamente había volado
700 millas. A las 10 p.m. desvié mi curso un poco
más al norte y volé en esta dirección durante otras
dos horas hasta medianoche, así que por lo tanto
cubrí otras 200 millas (o casi).
A medianoche el huracán se hizo más espantoso,
me metí en hielo y en lluvia también. El huracán
rompió un soporte de la máquina y otro soporte se
agrietó y me di cuenta que era imposible llegar a
América y entonces pensé en las islas sotavento.

Emilie: Las islas de sotavento, queriendo decir las
Azores. Esto explica la comunicación que recibió
la Sra. Earl, que mencionó antes, con respecto
a las islas sotavento.

Uvani: (ahora su tono es como de un testigo nervioso
   ante un desastre) *Por lo tanto a medianoche*
   cambié mi curso derecho hacia el sur.
   Hice esto para hacer el intento de llegar
   a estas islas. Te será difícil creer esto,
   ya que siempre dije que iría al norte en caso
   de problemas, pero cambié mi curso directamente
   hacia el sur. Desde la medianoche hasta las 3 a.m.
   volé en este rumbo en dirección al sur. No puedo
   estar seguro de mi rumbo, sólo se que es sur,
   porque mi brújula se había descompuesto.
   Fui al sur para salir del huracán. Una bujía
   del motor pasó aceite y la lona estaba desgarrada.
   El aeroplano no podía permanecer en el huracán y
   yo estaba siendo sacudido terriblemente. Había
   sido totalmente desviado de mi curso y a menudo no
   supe en que rumbo estaba.
   A la 1 a.m. perdí la esperanza. ¡Terror, nunca!
   ¡Pero angustia, sabiendo que cada media hora
   podía ser el final!
   Recuerdo el curso correcto exactamente, pero
   tuve que cambiar el rumbo. Fui al sur para salir
   del huracán y con la esperanza de llegar a
   las islas.
   Después de las 3 a.m. planeaba cerca del agua y la
   máquina se llenó de agua. Entonces estaban a
   la vista las Azores, sólo podía ver algunas rocas
   pero era imposible llegar a ellas debido a las
   corrientes...
   Me ahogué treinta minutos después de
   abandonar el naufragio. Pasé a la inconsciencia y
   llegué a la muerte rápidamente.

Emilie: Entonces recibí la posición real en la que mi esposo declara que cayó en el agua. Se dio la latitud y la longitud y la posición mostrada en un pequeño mapa, presenta a las Azores.

Uvani: (dando al azar un poco de evidencia concluyente por parte de Hinchliffe) *Una vez le dio a su madre un susto cuando se cayó en un árbol.*

Emilie: Correcto. Cuando fue derribado en Francia, la máquina de mi esposo cayó en un árbol.

Uvani: (hablando otra vez directamente como el Cap. Hinchliffe) *Has estado preocupada por la economía. Has estado esperando, esperando, esperando. Pero pronto escucharás buenas noticias.*

Emilie: ¡Su alusión al interés económico era correcto!

Uvani: *Tu esposo dice que tu sabías que quería hacerlo. Estaba llegando a su fin en la aviación, no podía seguir volando por mucho tiempo, sus ojos no estaban tan bien como antes y él quería renunciar, aunque el vuelo era su vida. Con frecuencia hablaba contigo sobre su proyecto y lo hizo para proveerte.*

Emilie: Otra vez correcto.

Uvani: *No puedo decir su nombre, pero veo firmas por todos lados. Lo deletrearé: EFFILHCNIH, lo veo en un espejo.*

Emilie: Al revés pero exacto.

Uvani: (con una voz angustiosa reflejando los sentimientos de Hinchliffe) *¡Dios Mío! ¡Dios Mío! ¡Fue horrible! ¡Desde la una hasta las tres en punto! ¡El había olvidado todo menos a su esposa y a sus hijas! Cuando se haga más fuerte, se* *comunicará mejor. Su último esfuerzo sobrehumano fue intentar llegar nadando a tierra.* (después de una larga pausa, como si hablara directamente con el aviador) *Diles que no existe la muerte sino una vida eterna. La vida aquí es como un viaje y un cambio a unas condiciones diferentes. Vamos de la perfección inconsciente a la perfección consciente.*

Todo lo anterior es material del registro del libro de Emilie, *El Retorno del Cap. Hinchliffe.*

Cuando cerró su cuaderno de taquigrafía y guardó su lápiz, Emilie se volvió a hundir en su sillón, agotada física y emocionalmente y no obstante al mismo tiempo bastante animada.

Viéndolo objetivamente, la sesión tenía que juzgarse como una de las sesiones demostrables más extraordinarias en los anales de la historia psíquica. Para aumentar su validez estaba el hecho de que la había presenciado otra persona —llamada la Sra. Earl y fue transcrita exactamente, palabra por palabra por la taquigrafía competente de Emilie.

Para Emilie, a pesar de su determinación anterior de ser terca y escéptica, ¡la sesión fue bastante objetiva! Todos los recordatorios de su querido y apuesto Ray, su maravilloso amor juntos y su adoración por sus hijas le dio dolor de garganta y llenó su corazón de añoranza por su pareja perfecta.

Como su amado relató la historia de sus últimas tres horas en la tierra cuando sabía que estaba sentenciado, ella compartió su desesperación, su angustia y su tensión. Cuando él habló de los últimos veinte minutos en el agua después de que el avión se estrelló, las lagrimas rodaron por sus mejillas y pasó por la agonía de su muerte como si hubiera estado con él.

Por otro lado, lo que la animaba y le daba una nueva esperanza era el hecho de que alguien —casi tenía que ser su esposo— había arreglado de alguna manera decirle tantas cosas reveladoras y mencionar detalles de su vida juntos, sus hijas y otros asuntos personales, asuntos tan personales que sólo Ray podía haberlos sabido. En vista de esto, entonces lo que seguía era que por lógica, de alguna manera —en alguna parte— Ray debía estar vivo aún.

Afirmar que la Sra. Garrett o Uvani habían leído su mente y esto era simplemente una demostración de la telepatía, no podría explicar la vívida descripción del fatídico vuelo de Ray con todos los detalles técnicos, que sólo un piloto podría conocer.

Descubrió que su escepticismo no sabía que decir ante tal evidencia. Todo era tan angustiante. Cerró sus ojos y oró internamente a ese Poder Superior que siempre había esperado que existiera, "Dios Mío si tan sólo pudiera ser verdad. ¡Si tan sólo Ray *real —verdadera— efectivamente* aún viviera!"

"Eileen Garrett hablaba con los muertos, sanaba al enfermo, predecía el futuro. Ella realizó milagros durante cincuenta años con una exactitud que no menguaba y atemorizaba. No declaraba tener poderes sobrenaturales y decía que no era una trabajadora de milagros sino que únicamente tenía sensibilidad, muy desarrollada tal vez, lo que le permitía ver y hacer cosas imposibles para casi toda la gente. También decía que casi toda la gente, con una preparación, podía volverse igualmente sensible… Y no obstante las proezas psíquicas de Eileen Garrett siempre impresionaban a todos aquellos que trabajaban con ella en cualquier trabajo." Eso escribió Allan Angoff, que trabajó con la Sra. Garrett durante 25 años como editor, escritor, programador creativo y amigo afectuoso, en su biografía, *Eileen Garrett y el Mundo Más Allá de los Sentidos* (1974).

Desafortunadamente casi todos los que en la actualidad afirman tener talento psíquico para venderle al público no sólo no tienen ninguna preparación sino que a menudo no tienen más facultades psíquicas que nosotros. La cantidad de fraudes en el campo psíquico siempre ha sido y sigue siendo tremenda.

La Sra. Gladys Osborne Leonard del mismo modo fue mistificada por sus brillantes talentos y sometida a pruebas de investigación prolongadas por los científicos de la Sociedad Británica para la Investigación Psíquica. También, las hazañas psíquicas impresionantes de la Sra. Leonora Piper fueron examinadas y verificadas durante años por el Profesor William James de la Universidad de Harvard y otros investigadores de las Sociedades Americana y Británica para la Investigación Psíquica.

De igual modo Eileen Garrett se sometió voluntariamente a las investigaciones con distinguidos investigadores: Dr. William Brown del Laboratorio de Parapsicología de la Universidad de Oxford; Dra. Anita Muhl, médico y psiquiatra en la División Especial de Educación del Estado de California; Dr. Adolf Meyer de la Clínica Psiquiátrica de la Universidad John Hopkins; el famoso médico Francés, Dr. Alexis Carrel del Instituto Rockefeller, ganador del Premio Nobel de Medicina; Dr. Gardner Murphy de la Universidad de Columbia, que posteriormente fue Director de Investigación de la Clínica Menninger en Topeka, Kansas; el psicólogo, Dr. William McDougall de la Universidad de Duke; y el Dr. J. B. Rhine, que fundó el Laboratorio de Parapsicología de la Universidad de Duke y demostró científicamente la realidad de la percepción extra sensorial.

En 1951, una década después de que llegó a los Estados Unidos, se convirtió en ciudadana Americana y creó una agencia de publicidad, Creative Age Press, estableció la Fundación de Parapsicología para fomentar la investigación psíquica a través de conferencias, publicaciones y donativos económicos para proyectos especiales. Desde 1953, la Fundación ha convocado todos los años a una conferencia internacional de extraordinarios expertos, tratando algunos aspectos importantes de los fenómenos psíquicos. Desde la muerte de la Sra. Garrett en 1970 estas conferencias han continuado bajo la dirección de su hija, la Sra. Eileen Colby. La Biblioteca Eileen J. Garrett está abierta al público en la Ciudad de Nueva York.

La Sra. Garrett fue una escritora prolífica en sus últimos años, escribió varios libros de parapsicología, cuatro novelas y tres biografías: *My Life in Search of the Meaning of Mediumship* (Mi Vida en Busca del Significado de la Mediumnidad), *Adventures in the Supernormal* (Aventuras en lo Sobrenatural) y *Many Voices* (Muchas Voces).

Una de las sesiones más dramáticas e impresionantes en la carrera de Eileen Garrett ocurrió el 7 de Octubre de 1930, dos días después del accidente y de la explosión del dirigible Británico R101 en Francia, en el que todos sus pasajeros, oficiales y tripulación, a excepción de cuatro tripulantes que quedaron heridos gravemente, fueron destruidos.

Esta extraordinaria sesión ocurrió en el Laboratorio Nacional de la Investigación Psíquica en Londres en presencia de su director, el muy conocido cazador de fantasmas Harry Price y el periodista australiano Ian Coster. También estaba presente la Secretaria de Price, Ethel Beenham, que tomó notas, palabra por palabra. El Comandante del R101, Capitán de Vuelo H. C. Irwin, que murió en el accidente, repentinamente apareció en el trance de la Sra. Garrett y gritó con una voz angustiosa: *"Todo el volumen del dirigible era... demasiado para su capacidad del motor... La fuerza de ascensión útil demasiado reducida. La fuerza de ascensión total mal calculada... El timón está atascado. El conducto del aceite está taponado..."*

Alan Angoff describió la sesión como, "Una y otra vez salía la voz del fallecido Irwin, con una gran cantidad de detalles técnicos, los cuales fueron anotados palabra por palabra por la Srita. Beenham... Los expertos de la Fábrica de la Royal Airship en Bedford, que después leyeron las anotaciones lo llamaron un documento sorprendente lleno de datos confidenciales."

Varios meses después del accidente muchas de las observaciones del mensaje de la Sra. Garrett del Capitán de Vuelo Irwin se registraron con todo detalle con los descubrimientos de la investigación oficial del Ministerio del Aire Británico.

La breve relación con Eileen Garrett te ayudará a apreciar totalmente la importancia de sus facultades y de sus revelaciones psíquicas a la Sra. Hinchliffe mientras continuamos con la historia del Capitán Hinchliffe contada por él desde el Otro Lado.

En cuanto terminó la sesión con la Sra. Garrett, por recomendación de la Sra. Earl, Emilie telefoneó al Dr. Conan Doyle como una cortesía para hacerle saber lo que sucedió. Sir Arthur no sólo estaba encantado por haber recibido su llamada pero quería escuchar toda su historia personalmente e invitó a las dos mujeres a que fueran en seguida a su casa a tomar el té.

Cuando llegaron, las recibió afectuosamente y escuchó con avidez mientras Emilie relataba intensamente su increíble experiencia en la sesión. Su voz estaba llena de asombro y de emoción por la exactitud de sus sorprendentes revelaciones, no obstante ella expresó sus dudas persistentes con respecto a todo el episodio.

"Para creer en lo imposible se requiere de tiempo y de estudio," contestó Sir Arthur con una sonrisa, mencionando que a él le había tomado 34 años.

La animó a que siguiera con sus sesiones con la Sra. Garrett y que estudiara más el campo físico. De una manera calmada y conmovedora le relató como él y su esposa Jean habían encontrado consuelo después de la muerte de su cuñado Malcolm, de su hermano Innes y de su hijo mayor Kingsley, gracias a la irrefutable evidencia a través de las sesiones, de que sus seres queridos aún vivían. El esperaba fervientemente que ella encontrara ese mismo consuelo con el indudable conocimiento de que la muerte no existía —"tal como su esposo lo había prometido hoy al final de la sesión."

Para Emilie, la cita con Sir Arthur era tranquilizadora y estimulante. Sir Arthur era más impresionante de lo que ella esperaba —era un ser humano afectuoso cuya sensibilidad y consideración eran mayores que su vida.

De regreso a su casa, esa tarde que se veía venir nublada y fría, en el taxi su ánimo cambió bruscamente cuando pensó en su situación económica. Revisó en vano su buzón buscando una carta de Lord Inchape, el padre de Elsie Mackay. Habían pasado seis semanas desde que le solicitó al bufete jurídico de su esposo que examinara la póliza del seguro de £10,000 que Elsie Mackay le había prometido a su esposo como parte de su convenio del vuelo. A pesar de que justo antes del despegue Elsie les había asegurado a ambos que ella acababa de poner en el correo el cheque de la prima a su empresa aseguradora, los abogados de su esposo después de una cuidadosa investigación habían descubierto que nunca se había sacado ninguna póliza.

Parece que la Srita. Mackay de buena fe, efectivamente había escrito y enviado por correo un cheque de la prima de £2,600 para la póliza de £10,000 de su compañía aseguradora justo antes del vuelo, pero no había suficientes fondos en su cuenta del banco para cubrir el cheque. Por consecuencia, la compañía aseguradora no expidió la póliza y negó cualquier obligación para cubrirla.

La Srita. Mackay tenía suficiente dinero en otras cuentas. Y no había la menor duda sobre la magnitud de su riqueza. Su fortuna neta figuraba entre las más cuantiosas de Inglaterra.

Con la supuesta muerte de la Srita. Mackay, sus bienes fueron congelados de inmediato y su padre, designado como albacea de su testamento, temporalmente se convirtió en custodio de todo lo que ella poseía. En vista del hecho de que él le prohibió definitivamente a su hija que volara con el Cap. Hinchliffe, una orden que en secreto ella había desobedecido completamente, Emilie no tenía mucha seguridad que podría hacer él ahora. Aún así, no podía evitar creer que él se sentiría impulsado a cumplir con los compromisos de su hija, en particular porque los £10,000 de cobertura prometidos podían significar para ella y para sus dos hijas la seguridad de toda su vida y para la inmensa fortuna del magnate Lord Inchape no era nada y la fortuna de su hija también era enorme.

Por ser su único recurso, Emilie le había escrito a Lord Inchape con la ferviente esperanza de que él cumpliera con la promesa de su hija. ¡Esto había sido hacía seis semanas!

Durante las siguientes semanas, ella había escrito otras dos veces suplicando su ayuda. A la fecha no había respuesta aunque era obvio que sus cartas habían sido entregadas porque no las habían regresado. Parecía que sus peticiones habían sido ignoradas deliberadamente.

Durante dos meses, ella había estado viviendo con los ahorros que disminuían rápidamente. Ella necesitaba dinero, lo necesitaba con desesperación y lo necesitaba ahora. Ella pensó en el comentario de Ray en relación con lo económico durante la sesión de esa tarde: *"Has estado preocupada por lo económico. Has estado esperando, esperando, esperando. Pero pronto tendrás noticias."*

Si efectivamente Ray en realidad hubiera estado hablando —¿Ray sabía, en verdad? ¿Y que tanto tiempo era *pronto*? ¿Otra semana? ¿Otro mes? ¿O dos o tres meses? ¿Ella se preguntaba cuanto tiempo podrían durar sus recursos económicos?

Más tarde esa noche, cuando sus hijas estaban durmiendo, ella empezó a transcribir las palabras de la Sra. Garrett en taquigrafía a un texto escrito legible, ella se descubrió deseando la posible ayuda de Ray. Si algo de lo que sucedió ese día en la sesión fuera cierto, tal vez podría intervenir de alguna manera. Comunicarse con Lord Inchape y conmoverlo para que cumpliera con el compromiso de Elsie.

Entonces bruscamente se detuvo a si misma. Ese tipo de pensamiento no era ni racional ni lógico —era verdaderamente ridículo. El comentario anterior de Ray sobre el fenómeno psíquico regresó a su mente: "Absurdo e imposible."

Sin embargo, a pesar de sus dudas, a pesar de sus excusas escépticas, mientras continuaba con sus transcripciones parecía que una cosa le había quedado en claro: como Sir Arthur lo había recomendado, ella sabía que debía seguir con las sesiones.

En su segunda sesión con la Sra. Garrett el 24 de Mayo, la evidencia fue mucho más específica. A pesar de sus dudas,

Emilie se sintió profundamente conmovida por el sentido afectuoso e íntimo de los mensajes.

Al abrir la sesión, Uvani abordó en seguida una descripción de lo más exacta de su querido Ray:

Hay un caballero que aparentemente está muy cerca de ti. El tiene un gran problema. Es joven, brillante. Tiene una personalidad encantadora y me da la impresión de fuerza de una manera protectora y me da la sensación de una gran alegría. El se ha puesto en contacto contigo. Es muy alto, delgado, y creo que tiene cabello castaño claro, ojos azules y nariz recta. Es un hombre bastante fuerte. Ha estado en el Ejercito, estuvo en servicio en el Ejercito. Creo que aún está... Murió rápidamente. Quiere hablar contigo en privado. Dice que es tu esposo.

Entonces, el hombre que afirmaba ser su esposo, a través de Uvani, describió su casa de una manera muy personal, como si hubiera vivido ahí por años:

El recuerda el comedor, el jardín y la cochera a un lado de la casa y la casa de junto. Acostumbraba silbarte a la habitación desde la cochera. La habitación tiene vista al jardín. Menciona el librero, la pequeña mesa que está ahí, sus retratos con indumentaria de vuelo y uno con uniforme Militar. También hay un radio y con frecuencia te ve sentada junto al radio. Hay muchas cosas que te trajo de diferentes lugares. En el pasillo, su gorra y sus sacos aún están ahí. Los has dejado como estaban. Acostumbraba trabajar en el jardín los Domingos y con Joan, hablándole a Joan en el jardín mientras ella le ayudaba. El la quiere mucho. Menciona al perro. Lo quiere mucho. A menudo lo ve corriendo alrededor de la casa...

Cada detalle estaba perfectamente descrito y era excepcionalmente exacto. Entonces, con gran sorpresa para ella, Ray mencionó la pregunta de esa misma mañana de su hija sobre él:

> *El sabe que le dijiste a Joan que había ido a un viaje y que ella preguntó cuando regresaría. Te agradece que se lo hayas ocultado. Dale un beso a Joan y a la bebé.*

Tanto ella como Ray eran pintores aficionados con talento y él mencionó las pinturas al óleo de las niñas en las que él había estado trabajando para pasar los largos y desconsolados días desde su último vuelo:

> *El ha visto los retratos que pintaste de Joan y de la bebé desde que se fue.*

El mencionó el nombre de la institutriz de sus hijas y comentó de su refinada atención hacia sus niñas:

> *Betty es muy cuidadosa. Ella es digna de confianza y tiene mucho cuidado con ambas niñas.*

De alguna manera sabía que ella había estado buscando sus medallas —al detalle, ¿pero como podría saber alguien esto sino Ray? Con respecto a esto, Uvani dijo:

> *El sabe que tu arreglaste los papeles de su escritorio y de sus cajones. Las medallas están en una pequeña caja en el armario. El vio que pusiste en orden sus papeles.*

Emilie escribió en su libro: "El sabía que había estado curioseando donde estaban sus medallas y describió exactamente donde podría encontrarlas. Una investigación posterior reveló que las medallas eran exactamente como él las describió."

Siguió llegando más evidencia. Ray, a través de Uvani, mencionó por lo menos a una docena de personas que había conocido y a quienes había vuelto a encontrar en el Otro Lado. El indicó cuando habían fallecido y en algunos casos donde y como.

Ray brevemente volvió a describir su sufrimiento sobre el océano y su lucha con el huracán y la tormenta, después siguió esto con el nombre específico de la isla en las Azores cerca de la que había abandonado su avión:

El nombre de la isla es Maro —Cauro —o Caro —no, Carvo.

Inmediatamente después de la sesión, Emilie verificó esto en uno de los mapas de Ray del Ministerio del Aire, obteniendo ayuda de su mano derecha de confianza Gordon Sinclair. Juntos encontraron la isla exacta que Ray había mencionado — que ni ella ni Gordon conocían. No era Carvo —Uvani la había pronunciado mal— era Corvo y obviamente Ray sabía exactamente cerca de que isla había aterrizado.

Habló específicamente del problema que había tenido en el motor y en especial de su problema con las bujías de su avión. Mencionó que las había cambiado justo antes de su último vuelo, algo que nadie podía haber sabido a excepción de Ray y de su asistente Sinclair. Como Uvani lo planteó, hablando por Ray:

Nunca se sintió seguro con sus bujías. Y al final, antes de encenderlo, cambió las bujías... Estaba nervioso con las bujías y quería cambiar la marca de las bujías. Estaba un poco desconcertado por las bujías porque no había probado esas en un vuelo largo. Dijo que una no encendía y eso le costó la vida; porque no hay esperanza en cuanto empieza algo así. Había muchas fallas...

Emilie verificó este punto con Gordon inmediatamente después de la sesión. ¡Gordon afirmó que efectivamente, él y Ray, habían cambiado las bujías justo antes del vuelo!

Una vez más el intentó tranquilizarla con respecto a su crisis económica:

El quiere recordarte que los asuntos económicos estarán bien. Conserva la casa y el coche. El sabe que tendrás el dinero.

Cuando terminó la sesión, la suma total de evidencia le pareció a Emilie bastante abrumadora. Había fortalecido mucho el desarrollo de su convicción de que ella *verdaderamente* estaba hablando con su amado esposo.

Sólo unos días después, la evidencia proporcionada cuando la Sra. Earl estaba sentada sola, se sintió tentada a recibir con su tabla ouija. Hubo tres declaraciones que eran especialmente personales y contundentes:

1. "Hinchliffe." (identificándose él mismo) *"Al final habrá algún tipo de arreglo."*

2. "Tenía una pequeña cicatriz en la garganta. Padecía de la garganta." Emilie estaba impresionada por los ingeniosos esfuerzos por ratificar su identidad. Ella escribió en su libro: "En 1923 mi esposo, debido a la continua irritación que sentía en su garganta, decidió operarse las amígdalas. Probablemente yo era la única persona que tenía conocimiento de esta operación."

3. *"Hay una broma sobre una muela y un anillo,
pregúntale a mi esposa."*

Cuando la Sra. Earl preguntó sobre este extraño mensaje,
los ojos de Emilie se llenaron de lágrimas pero no pudo evitar
sonreír. Ella explicó, "Cuando mi esposo era estudiante de
medicina una vez tuvo que hacer como ejercicio de práctica,
una corona de oro para un diente. Cuando terminó su trabajo,
con ese mismo oro hizo un anillo que usó durante muchos
años."

En este punto fue donde Emilie concluyó, "Para mi que,
en todo caso, las múltiples trivialidades (así llamadas) personales e insignificantes que han sido características en todas
las comunicaciones de mi esposo, eran en gran parte un
instrumento para convencerme en cuanto a la identidad de la
inteligencia responsable de esas comunicaciones."

En su tercera sesión el 9 de Junio de 1928, Emilie se había
convencido totalmente que en realidad estaba comunicándose
con su esposo. Como escribió en su libro, "Desde hace mucho
el escepticismo ya le dio lugar a la convicción".

Durante la sesión del 9 de Junio Ray, a través de Uvani,
sucedió que le avisó específicamente a Emilie que le dijera a
la prensa de sus problemas económicos:

*Su gran responsabilidad está relacionada con las cosas
monetarias. El desea y se preocupa por llevar las cosas
a un punto decisivo. El te promete que por parte del padre
de la muchacha deberá llegar próximamente alguna compensación. Parece que tu esposo está preocupado por
la actitud de Inchape. El no escuchará, aquí está la
salida de ello. Habla esto con el Daily Express. Ellos
comprenderán lo que quiero decir. El nombre es Lord*

Beaverbrook. Por favor no te preocupes, aunque la situación económica esté baja. Vas a obtener algo de dinero para que puedas sostener la casa y hacer posible que sigas adelante. Tengo la impresión de que estás recibiendo el dinero en Julio. Totalmente seguro.

Su idea de ir a la prensa al principio la horrorizó. Le parecía a ella que era el final de cualquier privacía. Aún así le prometió a Ray internamente que haría lo que le indicaba en cuanto se presentara la oportunidad.

Uvani cerró la sesión con unas palabras cariñosas de Ray:

El se mantendrá cerca de ti hasta que ya no tengas preocupaciones. Que Dios te bendiga a ti y a tu familia. Recuerda que no existe la muerte, sino una vida eterna.

Ahora aceptaba totalmente en su corazón, su mente y su alma lo que Ray acababa de decir: *"¡no existe la muerte sino una vida eterna!"*.

Al seguir manifestando su interés por su problema económico, en una sesión posterior a través de Uvani, Ray recomendó que viera a sus abogados para vender una propiedad que habían comprado hacía algunos años con la esperanza de construir ahí algún día. Después de la sesión, ella buscó en vano por toda la casa el plano que definía la propiedad. Unos días después, mientras visitaba a la Sra. Earl, Ray hizo sentir su presencia, indujo a la Sra. Earl a que sacara su tabla ouija y le envió a Emilie este mensaje:

Encontrarás el papel que puede serle útil a los agentes inmobiliarios, detrás de un cajón del lado izquierdo de mi escritorio.

Ella encontró los planos, metidos atrás del cajón izquierdo del escritorio para ponerlos a salvo, justo como Ray había dicho.

De ese día en adelante ella sintió la fuerza de su esposo a su lado, siempre ahí. Sabía que él siempre se preocuparía por mantenerla segura y ayudarla a resolver sus problemas económicos.

Durante la primera semana de Julio, Winston Churchill, entonces Ministro de Hacienda, anunció en el Parlamento que Lord Inchape había decidido entregar toda la fortuna de su hija —una fortuna de £527,000 esterlinas, o más de $2.5 millones de dólares, al Gobierno de su Majestad para aminorar la Deuda Nacional— pero no, sin embargo, de aquí hasta unos 50 años.

Emilie estaba pasmada por este extraño aviso. Le parecía a ella un gesto falso y ostentoso que no ayudaba a nadie durante medio siglo y además escasamente abordaba los verdaderos problemas del pueblo de la Gran Bretaña. Asimismo a Emilie le repugnaba que el extraño arreglo, de ninguna manera reconociera el valeroso espíritu de la audaz hija de Lord Inchape. Desde el punto de vista de Emilie, lo peor era que se ignorara la deuda legítima que la fortuna de Elsie Mackay le debía a su esposo y a su familia.

Ahora veía la sabiduría de la súplica de Ray de ir a la prensa. Ir a la prensa era el único recurso que ahora le quedaba.

De una manera sorprendente, ella no tuvo que ir a la prensa —la prensa vino a ella. Unos minutos después del aviso de Churchill, un reportero del *Daily Express* tocó en su puerta preguntándole como se sentía por la decisión de Lord Inchape de dar la fortuna de su hija al gobierno Británico.

Emilie le contó la historia sin rencor, dando a conocer los hechos de su caso. Que ella le había escrito a Lord Inchape varias cartas de las cuales no había recibido respuesta. En ellas le había solicitado que cumpliera los términos del convenio de su hija con su esposo —la cobertura del seguro prometido de £10,000 esterlinas y el pago de las últimas seis semanas de servicio prestado antes de su muerte.

Las historias de las noticias subsecuentes de primera plana en la cadena de periódicos nacional de Lord Beaverbrook y Lord Northcliffe explicó por toda Inglaterra su dilema con unos encabezados desgarradores como: "LA SRA. HINCHLIFFE CASI SIN DINERO," "APODERADO DE ELSIE MACKAY IGNORA LA PETICION DE LA VIUDA."

A consecuencia de la protesta en la prensa, la Cámara de los Comunes se interesó por lo que se decía y Hore Belisha, jefe del Partido Liberal, cuestionó públicamente el motivo por el cual la demanda legal de la Sra. Hinchliffe había sido ignorada por Lord Inchape. La respuesta de Su Señoría desde su castillo en Ayrshire, dada a través de uno de sus guardaespaldas, fue un frío, "Sin comentarios."

Después de una larga semana de agitación en el medio, parecía que su caso se había abandonado y olvidado.

Mientras tanto Emilie solicitaba empleos como traductora y secretaria ejecutiva, sólo Ray mantenía sus esperanzas con su amor y su confianza de apoyo en un arreglo final de Inchape. A través de Uvani él le aseguraba: *Si sucede algo inesperado o tienes algún problema, ven a mi y deja que hable contigo. Te ayudaré hasta que todo se resuelva,* (con respecto al arreglo). *Puede alargarse hasta el último día de Julio, pero será en Julio.*

A pesar de su predicción, Emilie se preocupó y se deprimió las dos semanas siguientes. Entonces, inesperadamente, el 31 de julio, Winston Churchill otra vez volvió a aparecer ante la Cámara de los Comunes para dar este informe:

> Lord Inchape deseando que el Fondo de Elsie Mackay de £500,000 cedido a la nación por él y por Lady Inchape y su familia, no debería ser un motivo u objeto de ninguna reclamación de otras víctimas del desastre en el que su hija perdió la vida, se ha puesto a disposición del Ministro de Hacienda una cantidad adicional de £10,000 esterlinas de su propia posesión para que se apliquen con el propósito de enfrentar cualquier reclamación, de tal manera que el Ministro de Hacienda con su absoluta discreción pueda estimar conveniente.

¡Aunque Emilie no fue nombrada, obviamente la donación era proyectada para ella y sus hijas!

Ahora la más ligera duda que Emilie hubiera podido tener sobre la autenticidad de la existencia de Ray se había limpiado. Su consejo de ir a la prensa había sido exactamente adecuado, sus declaraciones sobre todo lo demás habían sido precisas y exactas, y ahora —justo como él lo predijo— ¡las noticias de un arreglo llegaron el 31 de Julio! Esto, para Emilie, era la prueba definitiva.

Por haber recibido su retribución algunas semanas después, ahora Emilie estaba decidida a transmitirle a los demás el mensaje sencillo pero sorprendente de que Ray había repetido dos veces en las sesiones con la Sra. Garrett —"no existe la muerte sino la vida eterna"— y como prueba ofrecía su propia experiencia increíble. Si ella, que era escéptica y agnóstica, pudo convencerse que había vida después de la muerte, entonces debía darle este mensaje de esperanza a otros.

Ella programó una conferencia pública por medio del Departamento de Conferencias de la zona y cautivó a un auditorio de más de 400 personas (cientos no entraron), contando su historia de una manera sencilla pero conmovedora. Rechazó cualquier compensación por su plática. Posteriormente, ella siguió encantando a miles de gentes más con sus conferencias en Londres y en áreas cercanas.

Para contestar mejor las preguntas relacionadas con la calidad de vida en la siguiente dimensión, Emilie programó varias sesiones más con Eileen Garrett. La ingeniosa inteligencia de su esposo y las delicadas imágenes dieron una gran cantidad de percepciones corroborando el testimonio de Raymond Lodge, Sir Arthur Conan Doyle y Albert Payson Terhune. Con su manera inconfundible y reveladora el Cap. Hinchliffe nos da una descripción de las características de la vida en el Otro Lado.

1. Percibió la transición del cuerpo físico al cuerpo etérico tan sin dolor que casi no notó que estaba muriendo:

La transición del cuerpo físico al cuerpo etérico sucede en cuestión de un momento. No hay dolor en la separación de los dos y son tan semejantes, que por algún tiempo —en algunos casos probablemente días— antes de que se de cuenta de esta transición. En mi caso, me di cuenta rápidamente, porque había estado consciente de que enfrentaba la muerte durante muchas horas antes de fallecer realmente.

2. Se vio a si mismo bastante igual sin embargo más despierto, más alerta, "con una mente más libre, alojada en un cuerpo mucho más sutil:"

En realidad, no siento ninguna diferencia. Nada angé-lico, nada etéreo, nada que se pudiera pensar que uno está vinculado con el cielo o con el más allá.

Mi experiencia actual es que soy tan real en esta vida como había sido para ti y que todo el desarrollo hacia la gran felicidad y el gran cielo del que hablan, debe ser un proceso más lento del que cree la mayoría de la gente...

Al pasar de un estado de vida a otro, uno encuentra que existe mucha diferencia como uno podría encontrarla, mientras está en la tierra, cuando uno cruza de un lado del mundo a otro. Porque cada estado aquí tiene una norma diferente de pensamiento, igual que cada país en tu esfera tiene una norma diferente de lenguaje...

No puedo comprender porqué los humanos dicen que después de la muerte todo es felicidad, todo gozo, todo descanso, todo alegría, todo claridad. Con seguridad deben haber llegado a la comprensión de que como hayan vivido en la tierra y trabajado e hicieron lo correcto, así será su recompensa en el otro lado. De igual modo, el hombre o la mujer que ha tomado las cosas fácilmente y a expensas de otras personas mientras estaba aún en la carne, paga por ello en este Lado. Porque aquí no es el sufrimiento físico, el sufrimiento mental es mucho más intenso de lo que pudiera ser en la tierra.

La gente dirá: ¿Porqué? Porque aquí estás más des-pierto, más alerta, más capaz de percibir las cosas en virtud de que posees una mente mucho más libre alojada en un cuerpo más sutil, que no te ciega tanto como lo hizo el plano físico.

3. Encontró que todos tenían la oportunidad para encontrar su salvación, pero dependía de cada persona como individuo. Los conceptos de cielo e infierno son reales pero el cielo o el infierno estaba dentro del alma de cada persona:

No he encontrado aquí ningún malvado. He encontrado a mucha gente, te lo aseguro, que es ignorante de todas las leyes, pero eso no constituye la maldad. Encuentro que la "ignorancia" es algo que se encuentra dentro de nosotros desde el mismo principio y es necesaria en nuestro carácter ya que es nuestra fuerza. Porque puedes aprender más de los errores que cometes que de las cosas que haces correctamente y bien...

Hay infiernos y hay cielos hasta como se nos ha enseñado que creamos... Hay gente débil, gente disoluta, gente viciosa, todos intentando ser parte de la vida que conocieron en vez de entrar plenamente a la nueva vida...

Hay laboratorios llenos de juventud, llenos de vida, todos trabajando para bien, igual que hay otros cuyas energías son erróneas. Los buenos están trabajando por la elevación de la raza humana definitiva y los otros no están haciendo más que intentar, mantener el estado de las cosas de la tierra como a ellos mismos les gustaban, disfrutaban y conocían...

En verdad no hay espíritus malignos. Hay ignorantes, entrometidos, maliciosos y ciegos —esto es, ciegos a sus propias faltas— y esto constituye lo que aquí se llama maligno, del mismo modo que son un fastidio en tu vida...

Cada uno de los estados superiores tiene que alcanzarse por el esfuerzo propio de cada hombre, no por medio de oraciones de sus amistades, aunque todas las oraciones ayudan y todo lo que se pide, si se pide con sinceridad, se contesta en alguna parte...

Cada uno de nosotros tiene definitivamente derecho a trabajar por su propia salvación, sin tener en cuenta lo que haya hecho o lo que pueda ser. Esto, para mi, parece ser justo y confieso que me agrada.

4. Encontró el gran objetivo de la vida más allá y se alegró con el nuevo conocimiento de que "tu ciclo útil sólo está alboreando cuando llegas aquí:"

¿Que hacemos? Hacemos todo lo que sea apropiado para nosotros. Hay inmensos sistemas de enseñanza, laboratorios e instituciones enormes, que tratan con todas las condiciones en las que un hombre se ha capacitado mientras estaba en la tierra. Aquí nuestras necesidades se enfrentan con la intención mental y se organizan y se enfocan... En este estado, la capacidad mental es mucho mayor, más sensible y el poder del pensamiento se intensifica...

El pensamiento organizado se inicia aquí, viaja por los estadios espirituales, reuniendo fuerza como lo hace y a la larga encuentra su capacidad definitiva para trabajar a través de su receptor humano.

Nada de esto destruye el libre albedrío. Más bien, les ayuda a ustedes que aún están en la tierra y que he dejado últimamente, para darse cuenta de su afinidad con aquellos que se han ido, para darse cuenta de su gran

humanidad e interés en ustedes. En vez de restarle algo
de belleza a la imagen, ¿no le agrega a esta que tu ciclo
de utilidad sólo está alboreando cuando llegas aquí?

5. El reveló su trabajo porque sus energías estaban sin
enfermedad y dolor y la meta de su alma era "comprender y
darse cuenta de la magnificencia del universo":

Trabajo todo el tiempo mentalmente y en cierto sentido
físicamente, en las cosas que me interesan. Si se trabaja.
Lo disfruto, porque aquí en este estado, me encuentro en
libertad, alerta y decidido, mis energías ya no estaban
reducidas o sujetas por todos los dolores y las depresio-
nes, de los que el cuerpo humano nunca puede escapar.
Todo esto lo acumula el cuerpo humano, por ello se había
tenido que crear —una acumulación como si fuera de
todas las enfermedades de nuestros padres, abuelos, etc.
—muy semejante al reumatismo que le transmite el padre
al hijo. Has dejado el plano más bajo cuando abandonas
la tierra porque es entonces cuando el alma por primera
vez se hace consciente de su vida, su poder de una
existencia separada; a pesar de que haya existido antes,
de eso estoy seguro.

¿En que trabajamos? Trabajamos mentalmente y disfru-
tamos lo que hacemos, algunas cosas que nos mantenían
ocupados mientras estábamos en la tierra —a excepción
de hacer dinero...

¿Que es lo que hace que deseemos trabajar? ¿Que te hace
trabajar en la tierra? ¡La ambición! Ambición de tener,
ambición de ser, ambición de poseer y el cuerpo oculta
esa ambición y le enseña al alma que debe tener su
sustento —al principio, al último y siempre. ¡También es

una buena razón para trabajar! Pero cuando esa lucha termina y ya no hay necesidad de esforzarse por conseguir el logro material, la ambición de obtener y de recibir, de producir y de poseer, no muere con el abandono de la envoltura física. Crece aún más fuerte. Sólo que ahora desea poseer los talentos para el alma y el don del conocimiento, y el don para permitirse ver con mayor claridad y para comprender y percatarse de la grandeza del universo en el que uno mismo se encuentra ahora. Porque este universo es mucho mayor de lo que uno pueda imaginarse... A mi me parece inmenso. Para otros que tienen un conocimiento mayor que el mío, debe ser aún más portentoso...

He estado aquí un año pero puedo ver todo lo que me ha sucedido. Hay cientos de personas que desean conocer la realidad de lo que sucede cuando y después de la muerte.

Estos no son pensamientos de otras personas. Son míos.

La historia de la vida después de esta vida del Capitán Hinchliffe, gracias al talento psíquico, fuera de lo normal de Eileen Garrett y de las minuciosas habilidades para la transcripción taquigráfica de su esposa, Emilie, es uno de los casos documentados más a fondo y evidenciables en los archivos del fenómeno psíquico.

Capítulo 6

Experiencias
Cercanas a la Muerte

---

*La experiencia cercana a la muerte, de una multitud
de gente que al borde de la muerte aparentemente
se les concedió una breve visión de nuestra vida por
venir, documentado cuidadosamente por médicos
y parapsicólogos, corroboran otras evidencias
psíquicas de la Vida Después de la Muerte.*

Hay cientos de personas que actualmente disfrutan de
la vida y que alguna vez se les declaró clínicamente
muertas.

De alguna manera, ellos milagrosamente sobrevivieron.

Algunos han contado historias fantásticas y alentadoras
de sus breves visiones de la vida después de su llamada
"muerte."

Se supone que clínicamente estás muerto cuando tu corazón deja de latir, tus pulmones dejan de respirar y tu cerebro
ya no registra actividad eléctrica en un electroencefalógrafo.

Tenemos innumerables casos médicos documentados de pacientes hospitalizados que fueron declarados "muertos clínicamente" por médicos y enfermeras que los atendían, que regresaron a la vida y contaron sus asombrosas experiencias que tuvieron, los segundos o minutos de la muerte física aparente.

El Dr. Raymond A. Moody —La persona cuyo libro fue un éxito de librería *La Vida Después de la Vida* fue el primero que llamó la atención pública en 1975 con la experiencia cercana a la muerte y es lo que nos narra un médico y psiquiatra.

En su sencillo libro conmovedor pero profundo, el Dr. Moody grabó y comparó las experiencias de 150 personas que murieron, o casi murieron y después se recuperaron. El incluye entrevistas con 50 de estas mismas personas que habían pasado esa experiencia "viaje redondo." Mientras que él no fue el primero en estudiar esas visiones, si fue el primero en transmitir la experiencia cercana a la muerte a la consciencia nacional.

La conocida frase "experiencia cercana a la muerte" que en taquigrafía se convierte en ECM —el Dr. Moody la inventó por ser la más adecuada para describir lo que previamente se había citado como "viajes al otro mundo" o "visiones cercanas."

¿Que es exactamente la experiencia cercana a la muerte? Los 150 casos que estudió Moody en su libro clásico con sólo 184 páginas, expone muchas semejanzas impresionantes.

En varios casos, los mismos pacientes sintieron que abandonaban sus cuerpos físicos, en algunas ocasiones sólo por unos instantes antes de que el personal del hospital saliera como loco a toda velocidad, haciendo un esfuerzo para salvarlos. Con frecuencia observaron que sus cuerpos espirituales iban por un túnel oscuro y salían a una luz blanca deslumbrante, tan brillante que pudo haberlos cegado, pero en cambio parecía estar personificada y emanar amor.

Algunos hablaron de haber visto a un "Ser de Luz" que parecía que se comunicaba amorosamente sin palabras, preguntándoles algunas veces que habían hecho de sus vidas, sin juzgarlos. Algunas veces seguirían un examen rápido de su vida igual que la presentación de un noticiero. También a muchos se les daba la bienvenida y los saludaban afectuosamente familiares y amistades fallecidos. Casi todos hablaban de una sensación gloriosa de paz y de felicidad que todo lo abarca mientras estuvieron ahí.

Entonces, por alguna razón extraña y mística estas personas "clínicamente muertas" regresaron a sus cuerpos terrenales para empezar nuevamente sus vidas terrenales. Algunas veces, por compromisos familiares, los pacientes sintieron que debían regresar, pero la mayoría no quería abandonar el nuevo lugar tan hermoso que habían encontrado. Regresaron contra su voluntad. Después, sintieron que su experiencia era tan fantástica que dudaron en hablar sobre ella.

El profundo interés del Dr. Moody en estas experiencias especiales fue provocado a los 20 años siendo un estudiante graduado de filosofía en la Universidad de Virginia, cuando un profesor narró la historia de un joven soldado llamado George Ritchie. A este hombre se le había declarado muerto por una pulmonía doble en un campamento Militar en Texas durante la Segunda Guerra Mundial y después, de una manera increíble ¡resucitó después de nueve minutos de haber sido declarado muerto! Durante esos nueve minutos, Ritchie pasó a través de una serie de experiencias similares a, —pero más dramáticas que—, las que se acababan de describir.

Unos meses después Moody escuchó a este mismo soldado —ahora George Ritchie, Médico, un doctor muy respetado y estudiante de psiquiatría en la misma comunidad colegial de Moody en Charlottesville, Virginia —describiendo vívidamente su casi sublime experiencia a un grupo de estudiantes.

Igual que el resto del joven público, Moody estaba asombrado por la revelación del Dr. Ritchie e igualmente impresionado por su valor. Que un medico exitoso se atreviera a correr el riesgo de admitir públicamente que había experimentado una visión de la otra vida mientras estaba clínicamente muerto, era un extraordinario acto de valor en 1966.

Aunque no se dio cuenta en ese momento, escuchar el testimonio del Dr. Ritchie cambió el curso de la vida de Moody. Un año después de haber terminado su Doctorado en filosofía en 1969 otra vez estuvo ''pasmado,'' usando sus propias palabras, al saber de otra ECM casi exactamente igual a la del Dr. Ritchie.

Cuando entró a la escuela de medicina en 1972, había reunido ocho casos de estudio de ECM y mientras asistía a la escuela de medicina le llegaron muchos más. Con el tiempo él tenía 150 casos que estudió cuidadosamente; con 50 de estos casos él condujo entrevistas personalmente y después analizó sus descubrimientos. El resultado fue su libro, *La Vida Después de la Vida,* que sin ninguna difusión y con muy poca publicidad, vendió más de 85,000 ejemplares su primer año y posteriormente se convirtió en un best seller internacional que ha sido leído por millones de gentes. No nos sorprende que el libro estuviera dedicado ''A George Ritchie, médico, y a través de él al Único que él recomendó.''

Resumiendo la investigación de sus 150 casos de ECM el Dr. Moody rápidamente reconoció la necesidad de no hacer conclusiones generales con las observaciones de unas cuantas personas. A pesar de las semejanzas impresionantes y sorprendentes en los patrones generales, al mismo tiempo había diversas variantes en la percepción. Por ejemplo, aunque muchos atravesaron un túnel, otros hablaron de un vacío, una cueva, un valle, o simplemente oscuridad mientras que otros no tuvieron experiencias de este tipo en absoluto. Muchos encontraron parientes y amistades, pero otros no. Mientras que otros se comunicaron con "Seres de Luz," otros no.

Entre aquellos que si se comunicaron con un "Ser de Luz," algunos Cristianos lo interpretaron como Dios o Cristo, algunos Judíos como un ángel y muchos otros simplemente como un ser inexplicable con un amor irresistible.

Unos cuantos casos estuvieron "clínicamente muertos" y fuera de sus cuerpos físicos lo suficiente para presenciar que el equipo médico intentaba desesperadamente revivirlos, sin embargo lo más increíble es que a su regreso a la vida terrenal, detallaron con exactitud el procedimiento de resucitación. Algunos no tenían ningún recuerdo de nada durante su período de muerte física.

Una encuesta en la opinión pública posterior en 1981 que estudiaba las actitudes Americanas con respecto a la muerte y la inmortalidad, publicadas en el libro de George Gallup, *Aventuras en la Inmortalidad*, reveló que casi ocho millones de Americanos vivos habían tenido experiencias cercanas a la muerte similares a las que el Dr. Moody informó. Muchos de ellos hablaron con admiración y asombro de estos episodios como "inolvidables" y "casi indescriptibles."

Aquí está la esencia de unos cuantos casos:

En un caso en particular, el sobreviviente de ECM tuvo una reacción negativa a un anestésico local y sufrió de paro respiratorio. El dejó de respirar. Repentinamente se encontró atravesando un oscuro vacío a una gran velocidad. Lo comparó con un túnel. También sintió como si estuviera en un carro de la montaña rusa en un parque de diversiones atravesando este túnel a una velocidad suicida.

En otro caso, después de subir verticalmente a través del túnel y repentinamente salir a una hermosa luz, el paciente fue afectuosamente recibido por su abuela y una niña que había conocido cuando estaba en la secundaria más varios familiares y amistades. Era como un regreso al hogar y ellos estaban ahí para darle la bienvenida. Dijo que todo se veía tan iluminado y hermoso; ¡él lo llamó un momento verdaderamente glorioso!

No obstante otro sobreviviente ECM dijo haber estado en una luz transparente como el cristal —la luz blanca más luminosa que nunca hubiera visto —brillante, radiante y hermosa— sin embargo no le lastimó sus ojos. Entonces esta luz que estaba alrededor de él pareció que tomaba una identidad especial; la llamó una luz perfecta de amor y comprensión. La luz parecía decirle que debía regresar y completar su vida. Durante todo este tiempo, se sintió rodeado con un amor y una compasión irresistibles.

Aún otro sobreviviente ECM relató como había experimentado esta maravillosa luz y como se había comunicado esta luz con él —no con palabras habladas, sino de alma a alma— simplemente preguntándole que había hecho con su vida que valiera la pena. El se vio de regreso a su niñez, caminando a través de cada año de su vida hasta el presente. Estas escenas retrospectivas eran a color, tridimensionales, tan reales como la vida misma. Cada escena retrospectiva parecía que intentaba mostrarle algo... la importancia del amor... de intentar hacer lo mejor por otros así como por uno mismo. Cuando las escenas retrospectivas mostraron momentos en que había sido egoísta, la luz no lo acusó simplemente le indicó como podía aprender de tales incidentes. El sintió que realmente estaba viviendo a través de estas escenas, no sólo estaba viéndolas. Parecía que todo tomó menos de cinco minutos y tal vez más de treinta segundos, pero no tenía idea como calcular el tiempo.

Otro paciente relató que desde su sobrevivencia a la experiencia cercana a la muerte, como habían dominado continuamente su mente dos pensamientos —que había hecho y que no había hecho con su vida hasta ahí y que debía hacer con su vida ahora que se le había dado una segunda oportunidad... El ahora intentaba hacer cosas que tuvieran más importancia que antes, cosas que hicieran que su mente y su alma se sintieran mejor. El ahora intentaba con más fuerza no ser prejuicioso y enjuiciador sobre la gente. Sobre todo, el quería hacer cosas porque eran buenas, no sólo porque lo beneficiaran.

Tres años después de su experiencia cercana a la muerte, otro sobreviviente atestiguó —como lo hicieron muchos otros— que sus minutos después de la muerte previos a su regreso aún eran tan vívidos que cuando le sucedieron al principio y dijo que había una gran diferencia en su vida. Aún así, el admitió que no hablaría mucho sobre ello. El había confiado en su esposa, su hermano y su ministro —y ahora en el Dr. Moody— pero no era fácil explicar por lo que había pasado sin parecer que alardeaba. Pero había una cosa que él tenía la seguridad después de la experiencia —había una cosa en la que él ya no tenía dudas— *¡él sabía que había vida después de la muerte!*

Por muy conmovedores que puedan ser estos resúmenes, no pueden transmitir toda la profundidad del sentimiento expresado por estas personas en el maravilloso libro del Dr. Moody —es como si hubieras entrado a un nuevo mundo— el cual en efecto lo has hecho. Como lo señaló el Dr. Moody, "Su visión los dejó con nuevas metas, nuevos principios morales y una determinación renovada de intentar vivir de acuerdo con ello, pero sin sentimientos de una salvación instantánea o de una infalibilidad moral." Y lo más asombroso de todo, "¡De una u otra manera, casi todas las personas me han expresado la opinión de que ya no le temen a la muerte!"

Sin tomarse la molestia de leer *La Vida Después de la Vida*, cierto clérigo conservador rechazó su libro y el fenómeno de la experiencia cercana a la muerte como un trabajo satánico de demonios malignos, según el Dr. Moody. Por otro lado, una gran cantidad de sacerdotes Cristianos de diferentes denominaciones que se tomaron el tiempo para leer su libro estaban cautivados por sus descubrimientos y aplaudieron cordialmente su trabajo. Unos estaban tan entusiasmados que lo invitaron a hablar en sus congregaciones.

El libro del Dr. Moody, llamado tan convenientemente *La Vida Después de la Vida*, obviamente era un libro al que le había llegado su tiempo. Para cientos de sus lectores la esmerada investigación y análisis del Dr. Moody se convirtió en un gran adelanto en la búsqueda de la prueba de la vida humana después de la muerte proporcionando percepciones inéditas de la experiencia cercana a la muerte.

Sin embargo, varios médicos y psiquiatras que nunca habían escuchado de la experiencia cercana a la muerte rechazaron por completo este concepto. A pesar de la autenticidad de los casos de la experiencia cercana a la muerte presentados en su libro, un gran sector de la profesión médica aún se niega a creer que tenga alguna realidad el supuesto fenómeno.

Sin embargo, otros que se tomaron el tiempo para leer el libro de Moody, tentativamente se convencieron que esas cosas podían ocurrir aunque rechazaron cualquier injerencia metafísica, creyendo que la experiencia cercana a la muerte algún día podría explicarse médicamente. Algunos no dieron crédito a su material llamado "evidenciable" porque él dependía casi totalmente de informes anecdóticos. Como mucha gente miente o recuerda mal o interpreta mal o tiene fantasías o alucinaciones, especialmente bajo tensión, los informes anecdóticos no se consideran como evidencia científica admisible.

Por otro lado, varios doctores aceptaron el fenómeno como una confirmación de su propia fe religiosa hasta como lo había hecho Moody. En su libro él admitió francamente que aceptó la idea de la vida después de la muerte como un asunto de creencia religiosa, pero él también creía que el fenómeno que había estado examinando —la experiencia cercana a la muerte— era una manifestación de la vida.

A otros doctores se les despertó el interés en las ECM y empezaron a reunir informes de tales casos. Su curiosidad científica había sido estimulada igual que le había sucedido a Moody diez años antes.

Muy pocos doctores, que habían tenido personalmente una ECM le comunicaron en seguida a Moody la verdad de los descubrimientos de sus investigaciones. Un doctor confesó tristemente que como científico nunca hubiera creído que tal cosa pudiera suceder —pero al haberlo experimentado personalmente, él tenía que admitir *que realmente sucedió.*

El joven Dr. Moody, de sólo 31 años en ese momento, estaba tranquilo por las reacciones dispares de su libro. Mirando hacia atrás a los ataques a los que había estado sujeto por algunos de sus colegas médicos, ahora llegaba a la conclusión de que, fue bueno tener a su alrededor escépticos —porque muchos de los que intentaron demostrar que estaba en el error terminaron siendo ellos mismos creyentes.

Moody no hizo grandes declaraciones de su estudio —él simplemente presentó sus descubrimientos lo más exactos que pudo analizarlos. Cuando salió su primer libro en 1975 él negó que estuviera creando un caso para la vida después de la muerte. El admitió francamente que no se había quedado con conclusiones o con pruebas, sino con algo menos definido —con sentimientos, preguntas, hechos misteriosos que deben explicarse— algunos de estos parecen inexplicables.

Aún así, a pesar de su negación, él se sintió seguro para informar que las experiencias cercanas a la muerte de las personas que él había entrevistado *fueron hechos reales para estas personas* y por medio de su colaboración con ellos, *estas experiencias se convirtieron en hechos reales para él.*

Pero él no se sentía satisfecho con lo que había aprendido y lo poco que realmente sabía. ¡El quería saber más, mucho más! Como dijo al final de su extraordinario libro, "Lo que aprendamos de la muerte puede establecer una diferencia importante en la forma en que vivimos.

Si las experiencias que he argumentado son reales, tienen profundas repercusiones en lo que cada uno de nosotros estamos haciendo con nuestra vida. No podemos comprender plenamente esta vida hasta que captamos una visión de lo que hay más allá."

Esencialmente, el libro del Dr. Moody fue un llamado elocuente para llevar a cabo más investigaciones en lo que la experiencia cercana a la muerte podría estarnos diciendo sobre la ¡vida *después* de la vida!

En 1977, el Dr. Kenneth Ring, un destacado profesor joven de psicología de la Universidad de Connecticut en Storrs, leyó el libro del Dr. Moody y esto lo inspiró. Sin embargo, él sintió que un estudio con una estructura más científica podría fortalecer los descubrimientos de Moody.

El buscó 102 sobrevivientes cercanos a la muerte para su investigación. Usando un cuestionario estandarizado que él desarrolló para definir y caracterizar la experiencia cercana a la muerte, realizó entrevistas con 74 de estos sobrevivientes; el resto fue guiado por un asistente graduado cuidadosamente entrenado.

Basado en su meticulosa investigación, en esencia aquí hay algunas de las percepciones básicas del Dr. Ring:

1. Los casos que estuvieron más cerca de la muerte o estuvieron clínicamente muertos, igual que los casos reportados por Moody, mencionaron haber estado fuera de sus cuerpos, de moverse a través de un vacío o un

túnel oscuro hacia una luz luminosa, de encontrarse con familiares y amistades que partieron, de tener una sensación de gran comodidad y felicidad y de estar rodeados por un amor misericordioso, una sensación tan hermosa que anhelaban quedarse y cuando regresaron al reino "terrenal," fueron influidos por esta sensación el resto de sus vidas.

2. Ningún tipo de persona en especial tenía la posibilidad de tener esta experiencia. No había distinción de raza, género, edad, educación, estado civil y clase social.

3. La tendencia religiosa no era un hecho que influyera ni en la posibilidad ni en la profundidad de la experiencia cercana a la muerte. Un ateo tenía tanta probabilidad de tener una como la tenía una persona religiosa devota.

4. A pesar de sus actitudes anteriores —fueran escépticas o profundamente religiosas— y a pesar de todas sus variantes en las creencias religiosas y grados de escepticismo desde la tolerante incredulidad hasta el ateísmo abierto —casi todas estas personas estaban convencidas de que habían estado en presencia de algún poder supremo y amoroso y tuvieron una visión de una vida que aún está por venir.

5. Las drogas, la anestesia y los medicamentos parecía que no eran un factor inductor de estas impresiones y exquisitas sensaciones de la ECM. En realidad, era más probable que las drogas y la anestesia le provocaran a la persona olvidar tal experiencia cercana a la muerte.

6. El definitivamente llegó a la conclusión que no eran alucinaciones ya que las alucinaciones eran incoherentes, inconexas, a menudo ininteligibles y variaban mucho, mientras que todas las ECM eran propensas a tener elementos semejantes de un patrón evidente y conectado.

7. Basado en la información de aquellos que han informado tales incidentes, el momento de la muerte a menudo era de una belleza, paz y bienestar incomparables —un sentimiento de amor total y de aceptación total. Esto era posible hasta para los que estuvieron involucrados en horribles accidentes, en los que sufrieron lesiones graves. Ring encontró que había un enorme alivio potencial en esta información para la gente que estaba enfrentando la muerte.

8. Después de pasar por una experiencia cercana a la muerte, la gente afirmaba haber perdido el miedo a la muerte así como un mayor aprecio a la vida. También mencionaron tener unos sentimientos de autoaceptación más fuertes y un mayor interés y una sensación de protección por otras personas. Tenían menos interés en las cosas materiales por ellos mismos. Muchos tendían a volverse más espirituales —aunque no necesariamente más involucrados en la religión organizada.

9. Casi todos los que experimentaron la ECM encontraron que sus vidas se transformaron y hubo un cambio en sus actitudes y valores, y en su inclinación al amor y en ayudar a otros. Ring estaba convencido que estas eran experiencias absolutamente auténticas y señaló

que debido al retorno, muchos tuvieron la oportunidad de pensar en "lo que pudo haber sido." Y sus vidas subsecuentes eran un testimonio poderoso de nuestra habilidad común para vivir más intensamente, más alegremente, más amorosamente y más espiritualmente.

La búsqueda del Dr. Ring, de dos años de investigación resultó en un espléndido libro, *Life and Death: A Scientific Investigation of the Near Death Experiencie* (La Vida en la Muerte: Una Investigación Científica de la Experiencia Cercana a la Muerte) (1980). Como su subtítulo lo indicaba, era en verdad una investigación científica; el estudio de su investigación cuidadosamente diseñado se apegaba al estricto, estadístico y empírico método que las cultas sociedades científicas aplaudían. No obstante su libro de ninguna manera era tan tedioso como lo hacían parecer tales restricciones académicas; es un relato bastante legible y fascinante de una búsqueda arriesgada porque, igual que Moody, es un ser humano entusiasta que quedó cautivado por el misterio de la muerte y por un significado más amplio de la experiencia cercana a la muerte.

Su libro presenta una introducción del Dr. Moody que felicita a Ring y a sus colaboradores por su nivel de sistematización mucho más elevado. En un libro posterior, elogiando la investigación del Dr. Ring, Moody dijo que este estudio legitimaba su trabajo al dar el paso científico, señalando que todos los que ahora investigaban las ECM utilizaban el trabajo del Dr. Ring como referencia y norma para su metodología. Como escribió el *Newsday,* "con la publicación de *Life at Death* (La Vida en la Muerte), no puede haber la menor duda de que existe un marcado fenómeno cercano a la muerte común."

La investigación del Dr. Ring ayudó enormemente a definir con mayor prontitud y más naturalidad, el reducido pero impresionante cuerpo de conocimiento que todavía estamos en proceso de reunir sobre este misterioso fenómeno.

En 1984 el Dr. Ring provocó una nueva ráfaga de entusiasmo en el reino de la ECM cuando apareció su segundo libro, *Heading Toward Omega: In Search of the Meaning of the near Death Experiencie* (Dirigiéndonos Hacia Omega: En Busca del Significado de la Experiencia Cercana a la Muerte). En este estudio alentador más filosófico, por medio de entrevistas detalladas con alrededor de cien sobrevivientes cercanos a la muerte intentó determinar como había influido la ECM en sus vidas. Sus descubrimientos justificaron las conclusiones anteriores de Moody: que se da un cambio significativo en las vidas de aquellos que pasan por la ECM y que es un poderoso catalizador para el despertar espiritual.

La Dra. Elizabeth Kübler-Ross, médico, psiquiatra y tanatóloga, autora de los libros incontrovertibles *Of Death and Dying* (De La Muerte y Del Morir) (1970) y *Death, the Final Stage of Growth* (La Muerte, la Etapa Final del Crecimiento) (1975), casi sin ninguna ayuda provocaron en nuestros hospitales una revolución de compasión, honestidad y sensibilidad en el tratamiento de los enfermos terminales. Ella escribió un "Prólogo" elocuente en el segundo libro de Ring como lo había hecho en el primero de Moody.

Su tratamiento directo, de cientos de pacientes de hospital que eran enfermos terminales, muchos de ellos habían tenido ECM y se las relataron, le dieron una comprensión inmediata de lo que Moody y Ring estaban hablando. En *Heading Toward Omega* (Dirigiéndonos Hacia Omega) contó de la ocasión en que a ella "se le permitió experimentar y ser parte de esa luz que tanta gente intenta explicar con palabras. Cualquiera que haya tenido la suficiente dicha para ver esta luz nunca volverá a tener miedo a morir. Este amor incondicional, la comprensión y la compasión, en presencia de esta luz está fuera de cualquier descripción humana. Tal vez la mayor contribución del nuevo libro de Kenneth es, que intenta comprender los cambios resultantes que las personas experimentan una vez que han estado en presencia de esta luz. Es una experiencia espiritual y sagrada que deja a la persona profundamente transformada. La experiencia cercana a la muerte también da nuevas dimensiones para vivir y para la comprensión de la vida y el objetivo humano."

La investigación a fondo de Ring en 100 casos cercanos a la muerte reveló que casi universalmente se volvieron seres humanos mas desinteresados, más serviciales y más espirituales. La bondad interior de sus espíritus parece haber sido encendida por la luz y el amor que presenciaron, sus consciencias ascendieron a un plano más elevado y se mantuvieron transformadas por el resto de sus vidas. Aquí damos unos ejemplos de la transformación de la vida provocada por las ECM como las grabó el Dr. Ring:

1. Un sobreviviente, un alcohólico rehabilitado que casi muere por un ataque hepático, sintió que se había convertido en una persona totalmente diferente desde su experiencia cercana a la muerte. Considerando que había sido desdichado y autodestructivo antes de esa experiencia, ahora estaba sereno, calmado, feliz y vivía las 24 horas intentando hacer aunque fuera un poco por sus semejantes, aunque no fuera más que una sonrisa para que se alegrara alguna persona que se viera infeliz.

2. Otra sobreviviente, una señora que había intentado suicidarse, dijo que desde que tuvo su ECM, la gente la describía como si estuviera en "la plenitud de la vida." Y estaban en lo cierto, ella así se sentía, porque estaba agradecida por cada nuevo día que Dios le daba y nunca dejó de apreciar ni un sólo minuto de su vida. Estas no eran sólo palabras que expresaban el cambio en ella, dijo, sino que estaba segura de una cosa: se sentía en paz en su interior que ahora siempre estaba con ella y tenía un efecto tranquilizante muy extraño sobre ella.

3. Refiriéndose a su encuentro con la luz, otra sobreviviente de ECM describió la luz como acogedora, benévola y totalmente sin juicios y le dio una sensación total de seguridad fuera de cualquier cosa que nunca hubiera conocido. Le llamó la perfección —un amor total e incondicional. Con respecto al efecto de esta experiencia sobre el sentimiento por ella misma, dijo que había aprendido a aceptarse a ella misma como era —probablemente la lección más importante que nunca hubiera tenido después de una lucha difícil de toda la vida. Fue cuando decidió que si la luz y la presencia podían aceptarla con todas sus debilidades y sus faltas, entonces ella tenía que ser una persona que valía.

4. Aún otra sobreviviente dio fe de una nueva comprensión de la vida y del amor después de su ECM. Todo su ser había sido transformado por su experiencia, dijo, y ahora su vida era de tranquilidad y amor. Había obtenido un nuevo conocimiento de verdadero valor de la existencia y de la unión que tenía con todas las demás

cosas vivientes. Se sentía emocionada ahora por todo lo que le sucedía. La gente parece que no se da cuenta, dijo, que el cielo está aquí mismo si tan sólo abres tus ojos, tu mente y tu corazón a lo que realmente está sucediendo.

5. Después de su experiencia cercana a la muerte, esta sobreviviente en particular, observó que parecía que llegaba y tocaba a más gente. Y también observó que de alguna manera parecía que hacía sentir mejor a la gente. Cuando había un problema familiar, parecía que todos acudían con ella. Dijo que parecía que ahora tenía una mayor percepción de la gente. Y como era mucho más sensible al dolor ante sus ojos, era difícil que volviera a ponerse de mal humor. Ahora se daba cuenta que lo que verdaderamente contaba era la relación personal con nuestros semejantes. El amor era la respuesta —¡de hecho el amor era la respuesta a todo!

6. Muchos otros sobrevivientes igualmente sintieron un nuevo amor por la gente después de sus ECM. Uno estaba sorprendido al encontrar que era mucho más fácil desde su ECM amar a todo mundo de una manera que nunca antes había sentido. Sin embargo otro simplemente dijo que desde su experiencia cercana a la muerte él amaba a la gente de una manera afectuosa y maravillosa que nunca hubo sentido en el pasado y se encontró deseando que poder ayudar a todo el que necesitara ayuda.

Estos breves resúmenes transmiten sólo una porción del impacto de todo el testimonio de los sobrevivientes cercanos a la muerte contenidos en *Heading Toward Omega*

(Dirigiéndonos Hacia Omega) del Dr. Ring. Su evidencia adicional le suma nuevas dimensiones y más misterio a la experiencia cercana a la muerte y las señales que parece que nos está enviando con respecto a nuestras esperanzas por una vida hermosa y un amor que todo lo abarca más allá de la muerte.

Otro investigador de primera línea que desempeñó un papel importante para establecer la validez y la realidad de la experiencia cercana a la muerte fue el Dr. Michael B. Sabom, un cardiólogo que ejercía en su consultorio particular en Atlanta, Georgia.

En 1977, mientras se encontraba en una capacitación cardiovascular en la Universidad de Florida leyó el libro del Dr. Moody y lo encontró fascinante. Como él no se había topado con ningún caso de ECM, no podía creer del todo que en realidad existiera. Entonces casualmente le preguntó a varios de sus pacientes y quedó asombrado por todos los que habían pasado personalmente por una ECM. Se sorprendió más al descubrir que estas experiencias le habían estado sucediendo a personas que él y sus colegas habían estado tratando. Obviamente estas experiencias eran tan fantásticas que los pacientes dudaron en hablar sobre ellas; temían que nadie pudiera creerles —aún peor, que pudieran quedar catalogados como que habían "perdido los estribos" y fueran enviados a un pabellón psiquiátrico.

El desafío del libro del Dr. Moody, más estas historias de sus pacientes, inspiraron al Dr. Sabom a que buscara toda la verdad en el laboratorio perfecto —el hospital en el que estaba trabajando. El Dr. Sabom quedó asombrado con las historias de 32 de estos casos de ECM que tuvieron experiencias fuera del cuerpo durante el lapso que estuvieron clínicamente muertos. Estos pacientes atestiguaron que se elevaron sobre sus cuerpos conscientes, algunas veces cerca del techo, y observaron realmente como el doctor y el equipo médico realizaba desesperadamente sus procedimientos de resucitación.

Cuando verificó estas historias, el Dr. Sabom encontró que algunos de sus pacientes podían contarle con detalles, en la secuencia correcta, exactamente lo que les había sucedido a sus cuerpos en la mesa de operaciones. Un hombre describió como flotó sobre su cuerpo y observó al equipo médico trabajando. Describió los instrumentos, como se veía el corazón y el mismo procedimiento. El Dr. Sabom estaba sorprendido por su descripción detallada porque en los antecedentes del paciente nada indicaba que hubiera adquirido este conocimiento médico en ninguna parte. En otro caso, el corazón de un hombre había dejado de latir durante cuatro o cinco minutos y él describió —exactamente— lo que sucedió durante ese momento. Para el Dr. Sabom esto era la evidencia más poderosa de que no eran alucinaciones o fantasías. Como lo vio Sabom, había algo que estaba sucediendo en estos casos que no podía explicarse de una manera tradicional.

El Dr. Sabom comparó sus descripciones del procedimiento de resucitación con las "conjeturas entendidas" de 25 pacientes con conocimientos médicos sobre lo que sucede cuando un doctor y un equipo médico intenta que el corazón empiece a latir otra vez. 23 de los 25 pacientes del grupo independiente tuvo errores considerables al describir lo que sucedía durante la resucitación; ¡en cambio, cada uno de los 32 pacientes cercanos a la muerte describieron con exactitud el procedimiento de resucitación!

El Dr. Sabom tomó esto como una evidencia poderosa —como lo hizo el Dr. Moody cuando examinó posteriormente los datos— que estas personas estaban realmente fuera de sus cuerpos, viendo hacia abajo y observando el procedimiento exacto durante el lapso en que estuvieron clínicamente muertos.

El estudio a fondo de las ECM del Dr. Sabom de 120 pacientes del hospital fue publicado en su libro, *Recollections of Death; A Medical Investigation,* (Recuerdos de la Muerte: Una Investigación Médica) (1982), el cual del mismo modo que la investigación de Ring, verificó los descubrimientos del Dr. Moody. No es sorprendente que el Dr. Sabom, igual que los Dr. Moody y Ring, se haya entusiasmado por el misterio y un significado más extenso de la experiencia cercana a la muerte.

El escribió: "Mi reacción personal hacia estos acontecimientos no es tanto una respuesta que *pese científicamente* como lo es una identificación que sentí intensamente con las lágrimas de alegría y de tristeza que acompañaron el desarrollo de muchas de estas historias. Mi participación en las vidas y las muertes de estas personas en este libro me ha hecho sentir humildad con los métodos del universo, muy semejante a lo que alguna vez escribió Albert Einstein:

Cualquiera que esté seriamente involucrado en la búsqueda de la ciencia llega a convencerse que un Espíritu se manifiesta en las Leyes del Universo —un Espíritu muy superior al del hombre y uno que frente a lo que nosotros, con nuestros modestos poderes, debemos sentir humildad.

Porque es precisamente este "Espíritu" el que ha sido reconocido repetidas veces por la mayoría de los que enfrentaron una ECM... Y precisamente este "Espíritu" es el que parece seguir viviendo en las vidas de los que fueron conmovidos por esta inefable verdad encontrada frente a frente en los instantes más cercanos a la muerte."

A mediados de 1981, el Dr. Fred Schoonmaker, Director de los Servicios Cardiovasculares del Hospital St. Lukes en Denver, había acumulado historiales médicos e historias de casos de 2,300 pacientes que estuvieron cerca de la muerte. Descubrió que *más de 1,400 casos o más del 60% de los que fueron reportados habían tenido experiencias cercanas a la muerte similares a las de los estudios de Moody, Ring y Sabom.*

El Dr. Melvin Morse, que actualmente es pediatra en Seattle, Washington, hizo estudios de niños cerca de la muerte mientras trabajaba para la Compañía de Aviación NorthWest. Como la transportadora aérea rescataba pacientes en emergencia de un hospital en Idaho él se encontró tratando con muchos niños resucitados. Despertando su curiosidad por el fenómeno de ECM, con la autorización del hospital, él entrevistó a cada uno de los niños sobrevivientes del paro cardiaco en un período de 10 años.

Su conclusión: esta población "inocente," con mucho menos exposición al condicionamiento religioso y cultural que los adultos, no obstante habían tenido experiencias cercanas a la muerte similares a las de sus mayores. Bajaron por túneles, vieron sus cuerpos desde afuera de ellos mismos, vieron seres de luz y tuvieron según parece experiencias idénticas a las de los adultos.

El observó la actitud de los niños con un sentido común sobre sus experiencias cercanas a la muerte. A diferencia de muchos adultos, no estaban impresionados y no pensaban que este era el acontecimiento más poderoso de sus vidas. *Eran muy realistas y simplemente lo tomaron como algo normal que sucedía cuando morías.*

El Dr. Bruce Greyson, mientras era profesor suplente de psiquiatría en la Universidad de Michigan, estudió más de

150 casos cercanos a la muerte en el área de Michigan. Sus conclusiones confirmaron las de Moody, Ring y Sabom.

Estaba particularmente interesado en intentos de suicidio y descubrió que los sobrevivientes suicidas que también habían tenido una experiencia cercana a la muerte salieron de ella con una sensación de un verdadero objetivo en sus vidas. A pesar de que ya no temían a la muerte, la vida se volvió más significativa.

Esto también, fue precisamente el descubrimiento de Moody. Descubrió que salían de su experiencia sintiendo que se habían enterado que tenían un propósito que cumplir aquí en la vida. Retornaron con una actitud respetuosa y entusiasta hacia la vida y la existencia.

En los primeros años como doctor de emergencias psiquiátricas en la Universidad de Connecticut, el Dr. Greyson había tratado con suicidas casi a diario. Su investigación ahí ha mostrado un hecho muy revelador: un alto porcentaje de esos sobrevivientes suicidas que no experimentaron la ECM intentaron nuevamente suicidarse. En cambio, aquellos sobrevivientes suicidas que pasaron por una ECM, no volvieron a intentar por segunda vez ese tipo de partida intencional.

Esto también, le dio validez a los descubrimientos de Moody. Ninguno de los que entrevistó intentó volver a repetir el acto de quitarse su propia vida. El mensaje proveniente del corazón del universo de ser amado con un amor total libre de juicios, sanó tanto a estas personas y les restauró tanto su autoestima que nunca más volvieron a tomar el sendero de la autodestrucción.

Los hallazgos de los Dres. Ring, Sabom, Schoonmaker, Morse y Greyson sintetizan totalmente la verdad y la realidad de la investigación pionera del Dr. Moody en 1975. Es obvio que él no inventó solamente los 150 casos de ECM sobre los que escribió tan elocuentemente. Ahora es bastante evidente que estos descubrimientos iniciales —que él, con gran riesgo de su nivel profesional, valerosamente publicó— fueron los descubrimientos de un joven científico inspirado que abrieron nuevos caminos.

Como el mismo Moody escribió, "las experiencias cercanas a la muerte nos intrigan porque son la prueba de una existencia espiritual más tangible que pueda encontrarse. Verdaderamente son la luz al final de túnel."

La carrera de Raymond Moody Jr. no quedó en la publicación de su primer libro, *Life After Life* (La Vida Después de la Vida). Desde el instante en que se publicó este libro, su vida nunca pudo ser igual. El rápidamente llegó a darse cuenta que había escrito sobre un tema excepcionalmente popular y que casi todos parecían estar interesados en resolver el misterio más inquietante de la raza humana —su vida y su amor después de la muerte. Por consiguiente, él incrementó su intensa investigación, habló con cientos desde la plataforma de confe-rencias y llegó a millones de gentes vía la radio y la televisión con respecto a la experiencia cercana a la muerte.

En 1977 escribió un epílogo admirable, *Reflections on Life After Life* (Reflexiones de la Vida Después de la Vida). En 1988 al escribir *The Light Beyond* (Más Allá de la Luz) sintetizó lo que había aprendido al haber tenido que entrevistar personalmente más de 1,000 experiencias cercanas a la muerte y al haber sido consejero, asesor o conocido de casi todos los que estaban involucrados en la investigación de la ECM.

A la pregunta: "¿Las ECM son una evidencia de la vida después de la vida?" él responde con un rotundo, "¡Si!" Al mismo tiempo no asegura que esto pueda ser lo que llaman "una prueba científica firme."

El lo explica de esta manera: "Después de 22 años de observar la experiencia cercana a la muerte, pienso que no hay pruebas científicas para mostrar concluyentemente que hay vida después de la muerte. Pero eso se refiere a la prueba científica. Los asuntos del corazón son diferentes. No necesitan una opinión estrictamente científica del mundo. Los investigadores como yo, usamos lo que describiríamos como *un análisis laborioso. En base a ese examen, estoy convencido que los ECM obtienen una visión del más allá, un breve paso dentro de la otra realidad en conjunto".*

El cita el caso del Dr. Carl Gustav Jung, uno de los más grandiosos psicoterapeutas del mundo, que tuvo su propia experiencia cercana a la muerte durante un ataque al corazón en 1944. Después escribió: *"¡Lo que sucede después de la muerte es·tan indescriptiblemente maravilloso que nuestras imaginaciones y nuestros sentimientos no son suficientes para formar ni siquiera una concepción aproximada de ello!".*

La declaración de Jung hace pensar en la visión de la vida después de la muerte del gran filósofo, teólogo y médico Judío, Moisés Maimonides, cuando dijo: *"¡No hay ninguna manera de que nosotros en este mundo, sepamos o comprendamos la gran bondad que el alma experimenta en el mundo por venir... Esa bondad está muy lejana de toda nuestra comprensión y de una manera incomparable de toda nuestra imaginación!".*

En 1941, antes del bombardeo Japonés en Pearl Harbor y de la entrada de los Estados Unidos a la Segunda Guerra Mundial, la división blindada de Hitler había iniciado una rápida avanzada a través de Africa del Norte. Los tanques Nazis y el poder aéreo bajo las ordenes del Capitán Rommel estaban intentando eliminar al Ejercito Británico y ganar los ricos campos de petróleo del Cercano Oriente. Al leer en el Cleveland Plain Dealer que los Británicos estaban buscando conductores de ambulancia voluntarios sin pago, David ofreció sus servicios.

En las extensas arenas del desierto, sin ningún lugar para esconderse, el ejercito Británico y su cuerpo de ambulancias estaban sujetos a un ataque y a un bombardeo diariamente. Esta experiencia se convirtió en un momento inconstante de la vida del muchacho Americano de Cleveland. El estaría hablando con los jóvenes soldados sobre sus hogares y sus familias y minutos más tarde vería sus cuerpos físicos destrozados. Llevándolos en su ambulancia e intentando mitigar sus dolores, escucharía sus últimas palabras. Desde las profundidades de su alma surgió la pregunta, "¿Es posible que estas horrendas muertes no puedan marcar el final de su existencia?". Así empezó la búsqueda sobre evidencia de la continuación de la vida después de la muerte, de David Hyatt durante toda su vida.

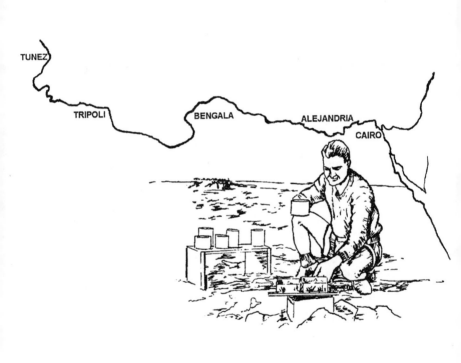

Capítulo 7

Experiencias
Psíquicas Personales

---

*Algunas experiencias psíquicas y reflexiones espirituales
subjetivas personales. ¡Nuestra muerte es nuestro
renacimiento en una nueva dimensión de un amor mucho
más hermoso! ¡Nuestras aventuras más grandiosas
todavía nos esperan más adelante!*

Durante la Segunda Guerra Mundial, cuando mi ambulancia fue bombardeada en el Desierto Egipcio, ¡sucedió algo bastante increíble!

En el largo y caluroso verano de 1942 el Mariscal de Campo Rommel y sus Fuerzas Africanas de primera estaban a menos de 60 millas de los suburbios de Alejandría intentando desesperadamente atravesar las filas Británicas en El Alamein —con planes de correr a la velocidad del sonido al Canal de Suez— para seguir de inmediato una guerra relámpago y tomar el poder en todo el Medio Oriente. Entre los movimientos más desesperados de Rommel para preparar esa invasión había frecuentes ataques nocturnos y bombardeos diarios de todo lo que estuviera a la vista a lo largo del frente de batalla. Oleadas de 20 a 50 Stukas nos bombardearían en picada con regularidad, en ocasiones dos o tres veces al día.

Una tarde horrorosa y caótica, había levantado a un soldado herido de un puesto de socorro del regimiento cerca de la línea de fuego y regresaba a un puesto medico provisional de socorro del destacamento, que se había levantado para ayudar a muchos heridos del ataque nocturno anterior. Mientras manejaba, escuché y después vi una horda de aviones que venían hacia nosotros. Observé algunas trincheras abiertas por la parte de atrás de mi vehículo y saqué a mi paciente herido, lo coloqué en una y después me fui a una yo también. Los aviones ya se encontraban sobre nosotros y el fuego antiaéreo estaba martilleando, llenando el cielo con ataques de humo blanco. Las explosiones se rompían a la izquierda y a la derecha en el aire y hongos de polvo y de fuego se elevaban donde las bombas pegaban en la tierra.

Entonces, directamente frente a mi, un avión se vino en picada. No volteé hacia arriba para verlo encima de mi, mi cara estaba en la arena, pero se podía reconocer por el chillido del avión, el silbido de sus alas cortando el viento y la propulsión del gran motor del avión que estaba embistiendo hacia el suelo. Las bombas eran despedidas con un grito que desgarraba los oídos, tan fuerte que parecía cortar mi carne. Me encogí más profundamente en la tierra mientras el estruendo me atravesaba y las bombas se me acercaban. Me recosté ahí y esperé, ahora mis sentimientos habían sobrepasado el miedo, aceptando lo inevitable. Esto era todo. ¡Este era el final! En un segundo todo habría terminado mientras era destrozado en pedazos, demasiado pequeños para enterrarlos.

Entonces las bombas estallaron, una a cinco yardas, otra a quince, toda la tierra tembló a mi alrededor, el polvo de los lados de mi trinchera abierta intentó apoderarse de mi, pedazos de proyectiles chocaron en las paredes de mi trinchera y esperé que el metal atravesara mi carne. Esperé la muerte.

A continuación todo a mi alrededor era polvo y sonido agitándose, después sólo polvo. Apenas podía creer que aún siguiera vivo, puesto que por todas las condiciones debería estar muerto. Mientras estaba tendido en mi trinchera, cubierto de polvo y medio enterrado en la arena, no podía evitar sentir que de alguna manera me había salvado.

Entonces los aviones se alejaron volando tan rápido como habían llegado. En la tierra, media docena de vehículos estaban en llamas o destruidos incluyendo mi ambulancia y estaban tirados muchos hombres heridos, algunos por segunda vez.

Salí a gatas de mi trinchera, agradecido más allá de las palabras sólo por el hecho de estar vivo. Aunque aún estaba medio aturdido por el impacto del chirrido de las bombas, arrastré a mi paciente fuera de su trinchera, le di ayuda medica y después fui a ayudar a los otros heridos hasta que todos recibieron atención. Más tarde al obscurecer, me senté yo solo en mi ambulancia destrozada, esperando que la tropa salvaje se trasladara de regreso a su puesto a muchas millas detrás de la primera línea. Simplemente fijé la mirada hacia el frente, demasiado agradecido por estar vivo hasta para pensar algo. Aunque no era motivo suficiente, mi estado no era de una miseria total, porque me encontraba inundado por una oleada de entusiasmo, una consciencia que todo lo abarca. Todavía vivía, todavía respiraba, todavía podía sentir el aire en mis pulmones, sentir la carne en mis huesos, todavía veía con mis ojos, sentía la vida en mis muslos y aunque la bomba todavía chillaba en mis oídos, aún podía oír. Hablé en voz alta, sólo para estar seguro. "Dave Hyatt," dije, y mi nombre regresó a mi. Mis oídos estaban bien. ¡Que gran privilegio es estar vivo!

Gradualmente la obscuridad se hizo más densa y en la ceguera de la obscuridad del desierto, busqué los medios para distraer mi mente del chillido de las bombas que aún se agitaban en mi cabeza. Abrí la guantera a un lado del tablero destrozado. Ahí, cubierto de polvo y con unas cuantas piezas pequeñas de proyectil que lo cortaban, estaba mi *Libro de Salmos*. Aunque pocas veces encontraba el tiempo para leerlo, me gustaba tenerlo ahí; había sido un regalo de una amiga muy querida.

Tomé el pequeño libro negro y lo abrí. Entonces repentinamente me puse tieso y un escalofrío corrió hacia abajo por mi columna. *"Sí, aunque camine a través del valle de las sombras de la muerte, no temeré ningún peligro, porque Tú estás conmigo"*, fueron las primeras palabras que leí. Volví a leer las palabras, nervioso y asombrado. ¿Era sólo una coincidencia, que los acontecimientos de ese día se vincularan con tanta exactitud con estas palabras que ahora estaban ante mí?

El estallido de las bombas todavía resonaba en mis tímpanos —una y otra vez las bombas caían dentro de mí, rompiendo la tranquilidad del desierto a mi alrededor, ahora obscuras, vastas e infinitas, las arenas se extendían más allá de la visión hasta el borde de la noche que se aproximaba. Tal vez era una coincidencia —el bombardeo y esas palabras— pero solo en este desierto en una ambulancia bombardeada, vivo, cuando por todas las condiciones debería estar muerto, encontré que era más lógico creer que me había salvado.

"Sí, aunque camine a través del valle de las sombras de la muerte, no temeré ningún peligro, porque Tú estás conmigo," lo leí una vez más y por gratitud y humildad por el privilegio de vivir, creí profundamente en esas palabras.

Otro día me perdí en el desierto y fui guiado místicamente hacia donde tenía que ir. Fue otro incidente extraordinario para el que no tengo ninguna explicación excepto, "¡Gracias a Dios!"

No hay manera de que te exprese el terrible dolor en tu garganta y en tu corazón cuando estás perdido en el desierto en la obscuridad de la noche durante un ataque. Tienes cuatro soldados horrendamente heridos a bordo en tu ambulancia y no tienes ni idea hacia donde está el Puesto de Rescate y Urgencias.

Cuando tu ambulancia esta llena con estos cuatro hombres heridos, en un Puesto de Socorro del Destacamento se te dice que el Puesto de Rescate y Urgencias debe estar al norte-norte-este aproximadamente a tres millas, a menos que tenga que trasladarse para salir del alcance del bombardeo. Te diriges norte-norte-este guiado por la Estrella del Norte. No te atreves a encender tus luces —eso sería suicidio— tu única luz para manejar, es la luz de las estrellas y un delgado borde de la luna.

Tu manejas y manejas y no hay vida a tu alrededor —sólo arena, montículos y destrucción de las batallas pasadas— y arena y más arena. Manejas tres millas, después cuatro, después cinco. Finalmente empiezas a darte cuenta petrificado, que si sigues manejando puedes terminar por la mañana en medio del desierto, con cuatro hombres muriendo desangrándose lentamente en la parte de atrás de tu vehículo.

Sintiéndote desesperadamente perdido, te detienes y te bajas por un momento sólo para calmar tu ansiedad. Lo único que puedes ver con la luz de las estrellas es la vasta extensión de arena y lo único que puedes escuchar es el lamento apagado de los heridos en tu ambulancia; aún con la morfina están doloridos y tu sientes su dolor con ellos. Te paras a un lado de tu ambulancia mirando a través de las dunas y oras internamente como tu sabes que nunca antes habías orado: "¡Dios mío, guíame al puesto medico de socorro. Ayúdame a encontrarlo por el bien de estos hombres!".

Escuchas la guía y después regresas detrás del volante y empiezas otra vez a manejar —no al norte-norte-este sino directamente hacia el este, porque una voz interior te dirigió para que supieras que fueras hacia el este.

Manejas media milla, entonces de repente ves la sombra de un camión en la obscuridad. Manejas hacia el y encuentras a dos hombres en bolsas de dormir debajo del camión.

"¿Me podrían decir a donde está el puesto medico de socorro?"

"Somos parte de el," me dijo uno de ellos. "Sólo sigue el camino que estás llevando, aproximadamente a un cuarto de kilometro y llegarás a la entrada principal medica y quirúrgica".

Unos minutos más tarde un camillero y yo llevábamos las camillas de los hombres heridos dentro de la gran tienda medica y quirúrgica de lona, que en su interior estaba iluminada por linternas de gasolina colocadas sobre las mesas quirúrgicas. Un joven cirujano, rápida pero cuidadosamente examinó a cada uno de los pacientes, entonces me dijo, "Es muy bueno que los hayas traído aquí en el momento en que lo hiciste. Todos necesitan cirugía, pero todos estarán bien. Ahora estarán bien."

Simplemente dije, "Gracias a Dios."

Nunca en mi vida me había alegrado tanto y le había dado las gracias a Dios como lo hice en ese momento. Sin expresarlo en voz alta, desde lo más profundo de mi corazón y de mi alma también le agradecí a Su guardián mensajero invisible que misteriosamente me había dirigido cuando estuve perdido en el desierto, me dijo que cambiara de norte-norte-este hacia el este y milagrosamente salvó a esos cuatro hombres heridos.

Otra experiencia psíquica personal que sucedió en Enero de 1944, que sigue vívidamente grabada en mi memoria.

Nueve meses después de que mi padre falleció me hizo una visita inesperada.

Como acababa de ser nombrado oficial de marina subalterno, estaba temporalmente apostado en la Isla San Simón en Georgia, para un entrenamiento intensivo en el manejo del radar de aviones de combate. Una noche, él se apareció tranquilamente en mi habitación.

Yo estaba acostado en mi cama, rendido por las actividades de un entrenamiento riguroso ininterrumpido y había cerrado mis ojos, esperando caer dormido inmediatamente. De repente vi la imagen de mi papá en mi mente —tan real y vivo como si estuviera realmente en la habitación. Era como un sueño, sólo que todavía estaba despierto.

"Hola Dave," él dijo sonriendo afectuosamente, "Pensé en pasar por aquí para avisarte que todavía estoy vivo."

El estaba muy bronceado, alto, delgado y elegante, en uno de sus finos trajes cafés; sus ojos azul grisáceos estaban llenos de luz. Se veía estupendo.

"¡Dios Mío —Papá!" Exclamé. "¿Eres tu realmente?"

El se sonrió divertido. "Si soy yo, Dave no hay ningún problema. Pensaste que fallecí el mes de Abril pasado, ¿no es así? Bien, como dice Mark Twain, los informes de mi muerte son muy exagerados".

Su imagen era tan clara que parecía una televisión a color tamaño natural. No estaba dormido, estaba completamente consciente y en los ojos de mi mente, lo veía claramente. Hablé con él como un médium ve y conversa con alguien de la siguiente dimensión mientras está en trance —pero a diferencia de un médium, no estaba en trance, ni estaba inconsciente.

"Obviamente Mark Twain tenía razón contigo," le dije. No podía evitar sonreír con sus comentarios despreocupados y arrogantes que eran tan típicos de él. "Realmente te ves sensacional."

Se sentó en la orilla de mi cama. "Bien, Dave, te aseguro que me llevé una sorpresa cuando los doctores declararon que estaba muerto. Siempre pensé que la muerte significaba el final de nuestra vida." Sus ojos despedían un destello de luz. "Sabes que ustedes en la tierra son mucho más moribundos que nosotros."

Me reí. Nunca antes escuché o supe de alguien que dijera eso. "Muchas gracias," le respondí irónicamente.

Papá era un gran bromista, siempre burlándose, siempre buscando el humorismo en todo. Tenía un sentido del humor particularmente irónico sobre la muerte. "Recuerdas ese viejo chiste que solía decir —estoy seguro que debo habérselo copiado a Jack Benny o a Fred Allen o a algún otro comediante. Cuando las cosas se ponían demasiado serias, acostumbraba decir amenazadoramente, *Escuchen buitres, les advierto —¡ninguno de ustedes nunca saldrá vivo de este mundo!*"

Volví a reírme. "Recuerdo ese viejo chiste tuyo tan malo, siempre pensé que lo habías inventado."

"Pero sabes Dave, ese chiste ya no me parece gracioso. En realidad, ni siquiera es verdad. *Todos* salimos de este mundo vivos —no sólo vivos, sino más vivos que nunca. Estamos en una frecuencia mucho más elevada en el Otro Lado— somos mucho más sensibles, mucho más despiertos y mucho más conscientes de todo sobre nosotros, como nunca estuvimos en la tierra. Ese es uno de los muchos dividendos de nuestra vida en la siguiente dimensión a la que realmente puedes anhelar".

Entonces me miró atentamente. "Siento mucho no haber estado cerca cuando regresaste el mes de Abril pasado."

"No podías sentirlo más que yo," le respondí. "Tu partida antes de que hubiera llegado a casa realmente fue un golpe bajo, Papá."

El había fallecido repentinamente, mientras se encontraba trabajando en su oficina en Terre Haute, Indiana una mañana del mes de Abril en 1943. Fue llevado rápidamente al hospital y cinco días después, todavía inconsciente, murió de encefalitis —una infección e inflamación de la capa exterior del cerebro provocada por, que sorpresa, un germen que transmite el piquete de un mosquito.

"Fue una manera extraña de partir," él comentó prosaicamente, "pero obviamente mi tiempo había llegado. Sólo que estoy agradecido de que haya sido yo y no tu, Dave."

"Bueno pero tu cambiaste mi regreso a casa en un velorio, Papá. Las primeras noticias que escuché al llegar a Nueva York fueron que tu acababas de morir. Fue uno de los peores días de mi vida."

"¡Diablos, debiste de haber celebrado!" replicó alegremente. "No porque te hubieras deshecho de mi —aunque esa podría ser una buena razón— sino porque me mudé a una vida más larga y excitante. Como ahora lo veo, para casi todo el que ha llevado una vida medio decente, la muerte debería ser una celebración. No pierdes nada más que tu cuerpo físico —y dejas atrás todos tus viejos malestares y tus estúpidos errores pasados y otro equipaje nocivo —y te traes contigo todo lo que hayas aprendido— nunca se pierde nada de valor. Nuestro cambio al siguiente plano sólo es una gran oportunidad para el crecimiento y el desarrollo personal".

"¡Pero, a los 53 años es sumamente joven para morir!" le dije.

"¡A los 18, los 20 y los 25 lo es aún más!" él respondió casi con coraje. "Me temo que nosotros los terrestres tenemos el pésimo hábito de exterminar a nuestros jóvenes. Gracias a Dios que en nuestra familia por lo menos, mi número llegó antes del tuyo".

Hizo una pausa unos instantes viendo dentro de mis ojos con una profunda intensidad, "Nunca fui muy bueno para expresar mis verdaderos sentimientos, Dave, excepto cuando me enfadaba y entonces todo se iba al infierno. Pero quiero que sepas lo orgulloso que estoy de lo que hiciste en el extranjero. No sólo como conductor de ambulancias, sino como corresponsal de guerra. ¡Esos artículos que escribiste estaban fabulosos! No muchos jóvenes de 26 años obtienen una columna completa con el nombre del autor publicado en *The New York Times* y otros 120 periódicos, como tu lo hiciste".

"Eso sólo fue suerte, Papá. Lo único que sucedió fue que estaba en Tobruk cuando empezó la retirada en El Alamein cuando esa línea de batalla se colocó y se mantuvo".

Mucho antes de que hubiera llegado a Suez, Papá ya estaba orgulloso de que hubiera ido al extranjero. Cuando me enrolé —antes de Pearl Harbor— sólo estaba seguro de una cosa sobre todo —que Hitler y los Nazis tenían que ser detenidos. No podía aguantar lo que Hitler le estaba haciendo a los Judíos y a todos los que creyeran en la libertad. Mientras que los Estados Unidos estaba jugando un juego de neutralidad de "esperar por fuera," a mi me parecía que la Gran Bretaña estaba peleando nuestra guerra.

Cuando supe que el Servicio de Campaña Americano estaba enviando ambulancias y reclutando voluntarios para enviarlos con los Británicos para el 8o. Batallón Británico en Africa del Norte —aunque tenías que aceptar servir sin ningún pago y no tenía dinero —firmé inmediatamente. De alguna manera sabía que era algo que tenía que hacer, y efectivamente cambió toda mi vida.

Para cubrir mis gastos ocasionales durante los primeros meses, vendí todo lo que me pertenecía y que tuviera alguna demanda —mis dos trajes buenos, mi tocadiscos, mis discos y mis libros; pero mis ganancias totales sólo produjeron $200 en efectivo. Para tener unos cuantos dólares más y tener dinero para gastar, vi a John Wheeler del Periódico Norteamericano *Alliance*, antes de desembarcar de Nueva York hacia Suecia en el buque de vapor Egipcio S.S. El Nil; él estuvo de acuerdo en comprar cualquier artículo que le enviara, "siempre y cuando los artículos fueran buenos."

Como resultó, los ocho artículos presentados que escribí en la parte de atrás de mi ambulancia y le envié por correo aéreo a Wheeler, a $25 por artículo, fueron vendidos a una cadena de periódicos por todo Estados Unidos y evitó que me quedara sin dinero durante todos mis meses en Egipto y Libia.

"Ahora que he terminado en el Otro Lado," continuó Papá, "también tengo que aceptar que tenías la razón con este negocio de la muerte y muchas otras cosas metafísicas que discutimos antes de que te fueras al extranjero. Ahora se que existe un Poder Superior y que Dios y el Amor, son uno y lo mismo, y estas son cosas que sólo importan en todo el condenado universo. Casi todo lo que pensamos que es importante cuando estamos en la tierra —progresar, tener éxito, hacerla en grande en un negocio, en la política o en una profesión, hacer mucho dinero, alcanzar un nivel elevado— sólo es paja que el viento dispersa. ¡Lo que realmente cuenta es lo que hiciste por otros —que tanto amaste más allá de ti mismo— que tanto amaste realmente y que tan bien lo hiciste!"

"Me alegra que digas todo esto papá," le respondí. Nunca lo escuché hablar de esta manera; él siempre fue un incrédulo cínico con sentido del humor.

"Normalmente no hacemos este tipo de visita, Dave, pero al ser conductor de ambulancias ya viste lo que te toca de la muerte y después al haberme muerto en la forma ridícula que partí, pensé que podría ayudarte saber que tus cosas metafísicas van por buen camino —que no existe la muerte y que todos tus seres queridos que abandonaron esta tierra están vivos y bien, y con frecuencia están contigo en espíritu aunque no puedas vernos o escucharnos."

"Escuchar que has atestiguado todo esto desde el Otro Lado —y tú, un escéptico de toda la vida— son muy buenas noticias, Papá," le respondí.

"Dave, regresé sólo por un motivo en particular —para que dejes de lamentarte sobre mi llamada *muerte*, no estaba seguro de poder llegar a ti —pero ahora que ves lo vivo que estoy, puedes comprender lo insubstancial que es entristecerse— realmente nos dificulta mucho hacer lo que debemos hacer."

"Recordaré esto, Papá."

"Sólo recuerda de ahora en adelante, que no sólo sigo vivo, sino más vivo de lo que nunca estuve —así que cuando pienses en mi, quiero que estés feliz por mi y no triste."

"De ahora en adelante, Papá, es una promesa."

Justo en ese momento "las Luces se Apagaron" y el toque de la campana de emergencia sonó.

Papá brincó, "¿Que demonios es eso?"

"Es la manera infantil de la Marina de asegurarse que sus jóvenes oficiales en entrenamiento tengan suficiente sueño."

"Bueno, mejor me largo de aquí. Estaría loco si terminara jugando como un viejo fantasma en un apagón, aquí frente a ti".

Otra vez no pude evitar reírme. Su sentido del humor era incontrolable.

Entonces le pregunté, "¿Ahora a donde irás Papá?"

"A una conferencia."

"¿Sobre que?"

"Sobre Dios —¿que más? Lo único que hacen en el grupo en el que estoy es hablar de Dios."

"¿Como terminaste en un grupo así?"

El contestó encogiendo los hombros. "Me temo que no lo comprendo totalmente, se me dijo que lo semejante atrae lo semejante y que terminas entre la gente de tu mismo nivel de desarrollo espiritual. Así que en cierto modo, supongo que yo hice mi propia elección."

"¡Bueno, ahí estás!" le contesté sonriendo, "Debes estar más desarrollado de lo que pensabas que estabas."

"Por otro lado," él replicó, "tal vez sólo estoy ahí porque soy tan ignorante en el tema." El sentido del humor despectivo hacia él mismo era una de las especialidades de Papá.

"Pero acabas **de decir** que estaban en un grupo de tu propia elección. **En tus** manos estaba la decisión."

"Eso es correcto."

"¿Así que de que te quejas?".

El se sonrió para sí, "Supongo que sólo es que ellos están tan avanzados —parece que están fuera de mi alcance, muy por encima de mi. Y siempre están tan estúpidamente serios."

"Tal vez necesiten a alguien como tu para darle un poquito de sentido del humor al tema. Tu acostumbrabas decir que Dios tenía que tener el mejor sentido del humor del mundo igual que la paciencia más increíble para soportar la estupidez de la raza humana."

Ahora él se sonreía, "Tal vez tienes razón. De cualquier modo, no puedo creer que Dios no tenga sentido del humor, ¿tú que crees?"

"Bueno, tal vez por eso estés ahí, Papá. Esas conferencias a mí me parecen fascinantes."

"Caray Dave, a ti te encantarían. Y a diferencia de tu padre, hasta podrías comprenderlas totalmente."

"Las Luces se Apagaron" y el toque de la campana de emergencia sonó por segunda vez y Papá se levantó para irse.

"Ahora voy a dejarte, Dave, con este pensamiento alentador," dijo solemnemente, "Sólo recuerda que suceda lo que suceda, las cosas están destinadas a mejorar —¡porque nunca estarás más muerto de lo que estás en este momento!"

Una amplia sonrisa iluminó su atractivo rostro, "Como siempre fue un placer estar contigo," dijo cariñosamente, "¡pero no le digas a nadie que hablaste conmigo o te echarán a la sala psiquiátrica!"

Entonces dijo muy suavemente, con una emoción reservada, "Que Dios te bendiga Dave." Y rápida y repentinamente como llegó, se fue. No salió, ni caminó a la puerta, él sólo dejó de estar ahí aparentemente esfumándose en el aire.

Papá nunca regresó a verme como lo hizo en la Isla St. Simons, Georgia y nunca volví a experimentar un encuentro psíquico visual con ninguna otra persona del Otro Lado. No es necesario decir, que seguí la advertencia de Papá así que no terminaré en la sala psiquiátrica.

Nunca sabré si esa visita de mi Papá fue un hecho psíquico y lo viví realmente —o fue producto de una imaginación demasiado activa —o el sueño melancólico y deseoso de un hijo solitario en busca de una terapia de esfuerzo personal. Pero sea realidad o ficción, su visita fue tan real que desde esa noche inolvidable en Enero de 1944, me he sentido animoso y fortalecido por una confianza interior de que mi Papá todavía vive en la siguiente dimensión; espléndidamente y con un sentido de humor incorregible, algunas veces él me guía, me ayuda desde el Otro Lado.

Otra experiencia psíquica memorable me sucedió entre los meses de Abril y Octubre de 1984 cuando recibí unas percepciones alentadoras sobre la vida y el amor después de la muerte a través de la *escritura automática*. Este es uno de los sistemas maravillosos de comunicación entre nuestro mundo y el siguiente, por el cual el transmisor del Otro Lado escribe por medio de la mano y la pluma de un receptor terrestre como se describió en nuestro capítulo de Bert Terhune que usó la mano y la pluma de la Sra. S___ para comunicarse con su amada Anice.

A través de este mismo procedimiento fue que Frederic W. H. Myers, co-fundador y líder carismático de la Sociedad para la Investigación Psíquica de la Gran Bretaña, después de su muerte nos informó sobre la vida en el Otro Lado. Sir Oliver Lodge certificó estos textos como característicos de su buen amigo Frederic.

Durante su vida, Myers había sido poeta, filosofo, humanista y conferencista distinguido de la Universidad de Cambridge y autor de un libro contundente de investigación especializada en *Human Personality and Its Survival of Body Death* (La Personalidad Humana y Su Sobrevivencia a la Muerte Corporal). En este libro él le dio origen a las palabras y definió los conceptos pioneros de "telepatía" y "consciencia subliminal." Este tratado monumental con 1361 páginas, en dos tomos, todavía se alaba como "indiscutiblemente el único trabajo en la investigación psíquica más famoso, más original y más importante."

Treinta y un años después de su muerte, gracias a la escritura automática, Myers contribuyó con otro libro que expande la mente, *The Road to Inmortality* (El Camino Hacia la Inmortalidad) (1932), en el que su buen amigo Sir Oliver Lodge escribió el Prólogo. Utilizando la mano y la pluma de uno de las psíquicas más talentosas del mundo, Geraldine Cummins, Myers describió la vida después de la muerte en los diversos planos fuera de nuestra esfera.

En la Introducción de este libro, la Sra. E. G. Gibbes, amiga y colega de la Srita. Cummins de toda la vida, explica la importancia de la escritura automática en el mundo del fenómeno psíquico:

Se ha demostrado que la escritura automática es un fenómeno auténtico en el que la mano del calígrafo algunas veces escribe cosas que él o ella no tiene un conocimiento consciente...

Es posible que ciertas personas estén "sintonizadas" con vibraciones más elevadas y que, por medio de tales vibraciones, los llamados muertos puedan comunicarse otra vez con el mundo que abandonaron.

Una mañana del mes de Abril de 1984, cuando me senté en mi escritorio soñando e imaginando, un libro que esperaba escribir sobre el reino psíquico que entonces estaba examinando apasionadamente, mi mano empezó a moverse y mi pluma empezó a escribir sin ninguna ayuda de mi parte. Extrañamente mientras esto sucedía, era como si yo no estuviera ahí en absoluto. Vi hacia abajo y leí lo que se había escrito:

Encontrémonos con regularidad a las 10:30 o las 11 a.m. y ve si puedes relajarte lo suficiente para poner en blanco tu mente y limpies un canal para que nuestros pensamientos lleguen a ti como lo estás haciendo ahora.

Mi mente preguntó de inmediato, "¿Quien está haciendo esta escritura?" En cuanto esta pregunta pasó como rayo por mi cabeza, mi pluma otra vez empezó a moverse sin mi ayuda y rápidamente quedó impreso lo siguiente:

Somos tus guías —tus consejeros de toda la vida. Pero quienes somos, no es importante. Aprobamos el libro en el que estás pensando. Te proponemos, que nos permitas registrar a través de ti nuestras impresiones de la vida en la siguiente dimensión. Entonces esto puede conducirte a que encuentres otras fuentes de un material similar con el objetivo de presentarle a tus hermanos y hermanas terrestres una imagen más clara y más explícita como es la vida y como funcionamos en la siguiente dimensión.

¡Efectivamente, hay vida después de la vida en la tierra! Y puede ser una vida hermosa y maravillosa si la humanidad desea que así sea. Intentaremos describir para ti esa vida y lo que uno debe hacer para que así sea. Adiós y que Dios te bendiga —hasta mañana.

La pluma se detuvo bruscamente y ya no había nadie que la moviera a excepción de mi mismo.

Lo que siguió durante los seis meses sucesivos, fue una serie de comentarios sobre la vida y el amor después de la muerte, que se me transmitieron por medio de la escritura automática, tan conmovedores y alentadores que me siento maravillado al presentar unos cuantos extractos de lo que se me transmitió.

Abril 30, 1984:

En el matrimonio de la tierra, anímicamente hay una unificación de espíritus, una fusión de corazones y mentes de dos personas que se aman y por medio del contacto sexual, una compenetración y unión de dos cuerpos apasionados junto con la unificación de dos corazones, dos mentes y dos almas. Y en esta unificación, por un momento las dos personas —si es un amor verdadero y no únicamente una satisfacción sexual— se hacen uno, completamente unidos, dos enamorados enlazados en un amor inseparable y hermoso.

Lo mismo sucede en la siguiente dimensión —encontramos nuestra alma gemela perfecta y del mismo modo que en la tierra, te unes y te compenetras a través del amor, en una expresión del amor exquisita y apasionada que los une, aunque sean dos, como uno solo —así que en esta dimensión posterior podemos unirnos con la persona que amamos y sumergirnos nosotros mismos en su corazón, su mente y su alma en un amor extasiado, que en intensidad y en unidad está más allá de cualquier experiencia humana terrestre que se haya conocido. Es puro gozo, puro éxtasis, puro sentimiento —la esencia definitiva de una unión amorosa, porque está sin las trabas del velo de la carne. Nuestros cuerpos etéricos, al ser menos "sólidos," no siendo de carne sino de vibraciones, pueden armonizarse y unirse aún igual a los diferentes sonidos de la música que se armonizan y se unen para convertirse en una espléndida y sublime sinfonía.

Mayo 3:

El espíritu es el que hace que el cuerpo humano sea un vehículo divino y sagrado de Dios. El espíritu es lo que vive después de la muerte. No puede extinguirse porque es energía, es vibración, es parte del universo que es indestructible. Y así cuando uno muere, el cuerpo etérico y la mente de uno siguen poseyendo todo lo que aprendió en la tierra mientras se cambia uno a la siguiente dimensión.

La sabiduría que has adquirido, la experiencia, el gozo del amor y de amar a Dios y de amar a otro ser humano especial como pareja y criar hijos y amarlos de una manera muy especial, así como amar a muchos otros seres humanos como amigos y parientes y asociados de negocios y de la comunidad, todo es parte de la experiencia de amar en la tierra. Naciste en tu tierra para aprender sobre el amor. Entonces te graduarás a la siguiente dimensión para aprender más sobre el amor —para refinar y expandir tu capacidad para amar y para fortalecerla y desarrollarla como fortalecerías y cuidarías cariñosamente un jardín con flores hermosas.

Julio 29:

Casi todas nuestras vidas terrestres están comprometidas en actividades que simplemente son "atareadas." Son como juegos de ajedrez, de bridge o solitario que simplemente sirven para pasar el tiempo. Con mucha frecuencia el trabajo personal entra en la misma categoría. Simplemente es pasar el tiempo de uno haciendo "el trabajo atareado" que no tiene ningún significado para el autor a excepción de que le da un sueldo con el que a su vez compra comestibles y las necesidades de la vida para vivir como un terrestre.

Pero podemos sintonizarnos con el infinito, podemos elevar nuestras mentes a una frecuencia superior y a una Mente más vasta que la nuestra, y podemos abrir nuestros corazones a un Latido mayor y más trascendente por medio de la meditación, y del pensamiento y la oración afirmativas. Y con ello, nosotros podemos cambiar nuestras vidas —tanto en la tierra como en el Otro Lado.

Es por ello, que cada mañana debes tomarte el tiempo necesario cuando estás despertando y tomarte el tiempo cada noche ya muy tarde, cuando finalmente estés listo para dormirte y tomarte el tiempo en varias ocasiones durante tu ocupado día —para detener tu mente y vaciarla de todo pensamiento mundano— y después a través de la meditación y la oración, abrirla a los pensamientos internos de tu Divinidad —que no son tuyos sino de Dios. O como quieras llamar al Poder superior dentro de todos nosotros que es más elevado y más grande que nosotros mismos —ese sentimiento magnético e intenso y sentir que está más lleno de vida que la vida y más consciente de lo que nunca hubieras conocido. En estas experiencias de meditación, empezarás a percibir la iluminación y la inenarrable, omnisciente y gloriosa magnificencia de Dios.

Permítete ser electrizado e iluminado por este poder incandescente que yace dormido en tu interior. Haz esto cuatro veces al día y tu vida se transformará. La luz que generas durante estos períodos de sintonización seguirán irradiando durante todo el día.

La Divinidad en el interior de todos los seres humanos, es el corazón y el alma de toda la vida misma, no sólo en tu esfera sino en la nuestra en el Otro Lado. Es la fuente del amor, la compasión, la belleza y la gracia y es la conexión que cada uno de nosotros tiene con el Poder Superior, con Dios y con la misma facultad creadora del universo.

Septiembre 4:

Tu alma contiene a tu verdadero ser. Tu cuerpo físico no es más que un ropaje temporal, que se usa durante tu breve lapso en la tierra. Te llevas contigo a la siguiente dimensión, un cuerpo etérico semejante en la forma a tu cuerpo físico, pero mucho menos sólido —sin embargo con una salud, belleza y vitalidad perfectas. También te llevas contigo, todas las facultades de tus sentidos actualmente subdesarrollados —vista, oído, gusto, olfato y tacto— más tus otros sentidos levemente explorados como la PES (percepción extra sensorial) y la intuición.

Aquí en nuestra esfera, estos sentidos distintos —muchos de los cuales están relativamente sin tocar en la tierra— y muchos otros indescriptibles en términos terrestres —pueden ser utilizados y desarrollados y hacerlos parte de nuestra psique y de nuestra alma. Aquí tu vida es más plena porque estás más consciente y entre más consciente seas, estás más vivo.

El amor, el amor a otro, el amor a Dios y el amor a todas las criaturas de Dios y a toda la creación de Dios es la consciencia en su forma de vida y de amor más plena y más elevada que conocemos. La plenitud de la vida personal está determinada por la plenitud del amor de uno.

Septiembre 13:

La belleza del reino de Dios en el Otro lado está más allá de las palabras para describirlo. Si tu como terrestre has vivido una existencia respetuosa, servicial, generosa, amorosa, te encontrarás en la vida futura en una dimensión completamente sintonizada con las vibraciones más elevadas que haya creado tu alma. Por eso te sentirás exaltado, inspirado, en paz y en armonía en tu nuevo entorno en tu nueva vida.

¿Qué estarás haciendo realmente? Te comprometerás tú mismo y tu tiempo para llegar a estar totalmente inmerso en las nuevas vibraciones que te rodean, aquellas que son más afines con tus propias aspiraciones más elevadas. Esto puede sonar extraordinariamente elevado y fuera de este mundo pero en realidad no lo es. Es como asistir a la mejor universidad y estudiar y practicar todos los días el desarrollo interno de tu consciencia superior. Sin embargo eso también suena egocéntrico e individualista, pero no lo es en absoluto. Porque cuando desarrollas el alcance de tu consciencia en longitud, amplitud y profundidad, tú automática e inevitablemente, vas más allá de ti mismo y te vuelves más agudamente consciente de otros,

de sus necesidades y de sus aspiraciones. Al mismo tiempo te haces más consciente de la belleza y de la gloria del universo y de las criaturas y las creaciones de Dios en ello. No egoístamente hacia adentro, sino que externamente creces —en admiración, conocimiento y amor.

Exponiéndolo específica y más prácticamente, asistes a seminarios, participas en discusiones de grupo, escuchas conferencias y disfrutas del arte, el drama y la música desarrollando tu alma y colmando tu corazón con un amor y una fuerza renovadas. Inicias un programa riguroso de desarrollo espiritual. ¡Pero eso sólo es el principio!

Después, por supuesto, debes utilizar tu amor y tu comprensión expandidas y compartirlas con tus semejantes humanos en la vida futura en el Otro Lado. Disfrutarás ayudando a aquellos cuyas vibraciones aún no están a tu nivel y que están buscando instrucciones para saber como alcanzar la consciencia superior a través de ejercicios de aprendizaje y experiencias prácticas.

También, ayudarás a tus seres queridos que aún están en la tierra para que encuentren su camino, como tu lo has hecho, a estas vibraciones superiores y a esta nueva manera de vivir que está tan llena de paz, de belleza y de gracia. Es como si siempre estuvieras en las "alturas" —unas "alturas" de una inspiración y un amor gloriosos.

Entre más estudias y se expande tu consciencia, más cerca está tu crecimiento hacia el Poder Superior y te vuelves parte de la Consciencia Cósmica que es la expresión definitiva de la Mente, el Corazón, el Alma y el Ser de Dios.

¡La meta definitiva es ser uno con Dios, volverse tan totalmente una parte de Dios que eres una cubierta de la luz de Dios, un templo del amor de Dios y una expresión de la Voluntad Divina de Dios en todo lo que piensas y dices y haces y eres!

La fuente de la escritura automática que acabas de leer probablemente siempre quedará como un misterio sin respuesta. Ya sea que los pensamientos hayan provenido de "guías" o "guardianes" del Otro Lado —de "la Divinidad en el interior de todos nosotros"— o de lo que algunos parapsicólogos ahora llaman nuestra "superconsciencia" realmente no es importante. Lo que es importante, es el hecho de que tales fuentes de percepción e inspiración están disponibles y pueden ser captadas por todos nosotros por medio de la meditación, un estudio profundo y la oración.

Sin tener en cuenta su fuente, el contenido de estos extractos reafirma y amplifica el asombroso testimonio relacionado con la vida y el amor después de la muerte —y por ese motivo he incluido estos extractos aquí.

Una y otra vez se nos explica claramente que el amor es lo más grande en nuestro mundo —en el siguiente— y en los mundos más allá de los mundos —en el infinito que integra el universo de Dios.

Hace veinte siglos, estas palabras le fueron atribuidas a San Juan: *"Dios es amor. Cualquiera que viva en el amor vive en Dios y Dios en él."*

En nuestro propio siglo, hace menos de tres décadas, el sacerdote Jesuita y filósofo Pierre Teilhard de Chardin escribió en su interesante libro, *El Fenómeno del Hombre* (1959):

Sólo el amor es capaz de unir a los seres humanos, de tal forma que lo más profundo en ellos mismos, los colme y

*los complemente. Este es un hecho de la experiencia
diaria. ¿En que momento llegan los enamorados a la
posesión más completa de ellos mismos, si no es cuando
dicen que se pierden el uno en el otro?*

*...Debemos extender nuestra ciencia hasta sus limites
más lejanos y reconocer y aceptar (porque es necesario
para cerrar y equilibrar el espacio-tiempo) no sólo una
existencia futura dudosa, sino también, como ahora debo
subrayarlo, la radiación como una realidad presente del
centro misterioso de nuestros centros que he llamado
Omega.*

Este es el Omega que el Dr. Kenneth Ring mencionó
en su libro, *Heading Toward Omega* (Dirigiéndonos Hacia
Omega) cuando ¡los pacientes cercanos a la muerte se sintieron envueltos y transformados por un amor insuperable en la
presencia de una luz o de un Ser de Luz que personificó ese
Amor!

Una vez en presencia de ese amor universal se reconoce
y se abraza en tu corazón, tu mente y tu alma —tu felicidad
no conocerá límites. ¡Porque estarás en tu camino para vol-
verte uno con el espíritu Dios muy profundamente en tu
interior, uno de los hijos de Dios aquí y más allá, uno con el
mundo de Dios aquí en la tierra y uno con el infinito e
infinitamente maravilloso universo de Dios!

*¡Entonces, en verdad, ya no serás tu el que vive, sino que
Dios vive en ti!*

Bibliografía

Capítulo 1

Lawrence LeShan, *The Medium, the Mystic and the Physicist,* Nueva York, Ballantine Books, 1966.

Sherwood Eddy, *You Will Survive After Death,* Nueva York, Rhinchart and Co., 1950.

Wilder Penfield, O.M., Litt.B., M.D., F.R.S. *The Mystery of the Mind* — Un Estudio Crítico de la Consciencia y del Cerebro Humano, Princeton N.J., Princeton University Press, 1975.

William James, *The Will To Believe and Human Immortality,* Nueva York, Dover, 1956.

Lawrence LeShan, *The Medium, the Mystic and the Physicist,* Nueva York, Ballantine Books, 1966.

Socrates:

Martin Ebon, *They Knew the Unknown,* Nueva York, World Publishing Co., 1971.

Sherwood Eddy, *You Will Survive After Death,* Nueva York, Rhinchart and Co., 1950.

Enciclopedia Británica, volumen 20, Chicago, Londres, Toronto, William Benton Publisher, 1961.

Will Durant, *The Life of Greece, Vol., II, The Story of Civilization,* Nueva York, Simon and Schuster, 1939.

Geraldine Cummins, *Mind in Life and Death,* Londres, The Aquarian Press, 1956.

Will Durant, *The Story of Philosophy,* Nueva York, Garden City Publishing Co., 1938.

Lincoln:

Nettie Colburn Maynard, *Was Abraham Lincoln a Spiritualist?,* Filadelfia, C. Hartranft Publisher, 1891.

David C. Knight, *The ESP Reader,* Nueva York, Grossett and Dunlap, 1969.

Carl Sandburg, Abraham Lincoln — *The War Years* Vol.II, Nueva York, Harcourt Brace and Co.

Edison:

Martin Ebon, *They Knew the Unknown,* Nueva York, World Publishing Co., 1971.

Thomas A. Edison, *The Diary and Sundry Observations of Thomas Alva Edison,* Nueva York, Filosófico, Febrero, 1948.

Ralph Harlow, *A Life After Death,* Garden City, N.Y., Doubleday and Company, Inc., 1961.

Allen Spraggett, *The Case for Immortality,* Nueva York, New American Library, 1974.

Martin Ebon, *They Knew the Unknown,* Nueva York, World Publishing Co., 1971.

Brahms:

Arthur M. Abell, *Talks with Great Composers,* Escwege, Alemania Occidental, G. E. Schroeder-Verlag, Publisher, 1964.

Handel:

Music of the World's Great Composers, Pleasantville, N.Y., Reader's Digest, 1959.

Maimonides:

Volumen II *Enciclopedia Judaica,* Nueva York, The Macmillan Company, 1971.

Louis Jacobs, *What does Judaism Say About...?* Nueva York, Quadrangle/N.Y. Times Book Co.

Kant:

20. Volumen 13, *Enciclopedia Británica,* Chicago, Londres, Toronto, William Benton Publisher, 1961.

21. Will Durant, *The Story of Philosophy,* Nueva York, Garden City Publishing Co., Inc., 1938.

Comandante Jefe de Pilotos Lord Dowding:

Robert Wright, *Dowding and the Battle of Britain,* Londres, Macdonald and Company, 1969.

Comandante Jefe de Pilotos Lord Dowding, *Many Mansions,* 1943, Lychgate, 1945, Londres, Rider and Co., The Dark Star, Londres, Museum Press Ltd., 1951.

Obituario de Lord Dowding, Nueva York Times, Feb. 16 1970.

Comandante Jefe de Pilotos Lord Dowding, *God's Magic — An Aspect of Spiritualism,* Londres, The Spiritualist Press, 1948.

Moisés:

Libros del Exodo, Levítico, Números, Deuteronomio: *Antiguo Testamento.*

Volumen 15, *Enciclopedia Británica,* Chicago, Londres, Toronto, William Benton Publisher, 1961.

Moshe Pearlman, *In the Footsteps of Moses,* Tel Aviv, Israel, Leon Amile Publisher, 1973.

LaMar C. Berritt, *Discovering the World of the Bible,* Nashville, Tenn.,Thomas Nelson Publisher, 1979.

Mortimer J. Cohen, *Pathways Through the Bible,* Filadelfia, La Sociedad de Publicaciones Judías de América, 1946.

Jesús:

Los Evangelios Según San Mateo, San Marcos, San Lucas, San Juan: *El Nuevo Testamento.*

Will Durant, *Caesar and Christ, Vol. III The Story of Civilization,* Nueva York, Simon and Schuster, 1944.

LaMar Berritt, *Discovering the World of the Bible,* Nashville, Tenn., Thomas Nelson Publisher, 1979.

Capítulo 2

Lodge:

W.P. Jolly, *Sir Oliver Lodge,* Rutherford-Madison-Teaneck, N.J. Fairleigh Dickinson University Press, 1975.

Sir Oliver Lodge, *Raymond or Life and Death,* Nueva York, George H. Doran Company, 1916.

Sir Oliver Lodge, *Past Years — An Autobiography,* Nueva York, charles Scribner's Sons, 1932.

Sir Oliver Lodge, *Raymond Revised — A New and Abbreviated Edition of "Raymond or Life and Death"* con un capítulo adicional, Londres, Methuen and Co., Ltd., 1922.

Obituario de Sir Oliver Lodge, *New York Times,* Agosto 23, 1940.

W.P. Jolly, *Sir Oliver Lodge,* Rutherford-Madison-Teaneck, N.J. Fairleigh Dickinson University Press, 1975.

Renée Haynes, *The Society for Psychical Research, 1882-1982;* A History, Londres, Macdonald, 1982.

Sir Oliver Lodge, *Raymond or Life and Death,* Nueva York, George H. Doran Company, 1916.

Nandor Fodor, *An Encyclopedia of Psychic Science,* Secaucus, N.J. The Citadel Press, 1966.

Suzy Smith, *The Mediumship of Mrs. Leonard,* New Hyde Park, N.Y. University Books, 1964.

Nandor Fodor, *An Encyclopedia of Psychic Science,* Secaucus, N.J. The Citadel Press, 1966.

Rosalind Heywood, *Beyond the Search of Sense — An Inquiry Into Extra-Sensory Perception,* Nueva York, E.P. Dutton and Co., Inc., 1974.

Gladys Osborne Leonard, *My Life in Two Worlds,* Londres, Cassell and Co., Ltd., 1942.

Biographical Dictionary of Parapsychology, Nueva York, Helix Press-Garrett Publications, 1964.

Capítulo 3

Doyle:

Pierre Nordon, *Conan Doyle — A Biography,* Nueva York, Chicago, San Francisco, Holt, Rhinechart and Winston, 1967.

The Rev. John Lamond, D.D., *Arthur Conan Doyle — A Memoir,* Londres, John Murray, 1931.

Arthur Conan Doyle, *Memories and Adventures,* Boston, Little, Brown and Company, 1924.

Volumen 7, *Enciclopedia Británica,* Chicago, Londres, Toronto, William Benton Publisher, 1961.

Nandor Fodor, *An Encyclopedia of Psychic Science,* Secaucus, N.J. The Citadel Press, 1966.

Obituario *The New York Times* Julio 8, 1930.

Arthur Conan Doyle, *The New Revelation,* Nueva York, George H. Doran Company, 1918.

Volumen 23, *Enciclopedia Británica,* Chicago, Londres, Toronto, William Benton Publisher, 1961.

Colin Wilson, *Afterlife — An Investigation of the Evidence for Life After Death,* Garden City, N.Y., Doubleday and Co., 1987.

John Dickson Carr, *The Life of Sir Arthur Conan Doyle,* Nueva York, Harper Brothers, 1949.

Arthur Conan Doyle, *The Vital Message,* Nueva York, George H. Doran Co. 1919.

Capítulo 4

Terhune:

Anice Terhune, *The Bert Terhune I Knew,* NY, Harper and Brothers, 1943.

Albert Payson Terhune and Anice Terhune, *Across the Line,* Nueva York, E.P. Dutton and Co. Inc., 1945.

Obituario de Mrs. Albert Payson Terhune, *New York Times,* Nov. 9. 1964.

Volumen 21 *Enciclopedia Británica,* Chicago, Londres, Toronto, William Benton Publisher, 1961.

El Nuevo Testamento.

Gina Cerminara, *Many Mansions — the Edgar Cayce Story on Reincarnation,* Nueva York, New American Library, 1950.

Capítulo 5

Hinchliffe:

Emilie Hinchliffe, *The Return of Captain W. G. R. Hinchliffe, D.F.C.,A.F.C.,* Londres, The Psychic Press, 1930.

John G. Fuller, *The Airmen Who Would Not Die,* Nueva York, G.P. Putnam's Sons, 1979.

Frederick Lewis Allen, *Only Yesterday,* Nueva York, Harper and Brothers, 1931.

Volumen 4, *Enciclopedia Británica,* Chicago, Londres, Toronto, William Benton Publisher, 1961.

Stoker Hunt, *Ouija — The Most Dangerous Game,* Harper and Row, 1985.

Garrett:

Eileen J. Garrett, *My Life As a Search for the Meaning of Mediumship,* Londres, Rider, 1939.

Eileen J. Garrett, *Adventures in the Supernormal,* Nueva York, Creative Age Press, 1949.

Eileen J. Garrett, *Many Voices — The Autobiography of a Medium,* Nueva York, G.P.Putnam's Sons, 1968.

Obituario, *New York Times,* Septiembre 17, 1970.

Allan Angoff, *Eileen Garrett and the World Beyond Senses,* Nueva York, William Morrow and Company, 1974.

Eileen J. Garrett, *Many Voices — The Autobiography of a Medium,* N Y, G.P.Putnam's Sons, 1968.

Emilie Hinchliffe, *The Return of Captain W.G.R. Hinchliffe D.F.C.,A.F.C.,* Londres, The Psychic Press, 1930.

Capítulo 6

Moody:

Raymond A. Moody, Jr., M.D., *Life After Life,* Nueva York, Bantam Books, 1975.

Reflections on Life After Life, Nueva York, Bantam Books, 1978.

Paul Perry, *The Light Beyond,* Nueva York, Bantam Books, 1988.

Ring:

Kenneth Ring, Ph.D. *Life at Death,* Nueva York, Quill, 1982.

Heading Toward Omega, Nueva York, William Morrow and Company, 1984.

Michael B. Sabom, M.D., F.A.C.C., *Recollections of Death,* Un Investigación Medica, Nueva York, Harper and Row, 1982.

Para la historia completa de la experiencia del Dr. Ritchie como él personalmente la percibió, leer, *Return from Tomorrow* por George G. Ritchie, M.D. con Elizabeth Sherrill, Old Tappan, N.J., Fleming H. Revell Co., 1978.

Raymond A. Moody Jr., M.D., *Life After Life,* Nueva York, Bantam Books, 1975.

George Gallup Jr. Con William Proctor, *Adventures in Immortality,* Nueva York, McGraw-Hill Book Company, 1982.

Raymond A. Moody, Jr., M.D.., *Reflections on Life After Life,* Nueva York, Bantam Books, 1977.

Psychology Today, Sept. 1988, artículo: "Brushes With Death — The Evidence from near-death experiences points to a hereafter" por Paul Perry.

U.S, News and World Report Junio 11, 1984, Artículo: "The Near-Death Experience — How Thousands Describe it," Una entrevista con el Dr. Kenneth Ring.

U.S. NEWS AND WORLD REPORT, Junio 11, 1984, artículo: "The Near-Death Experience — How Thousands Describe It," una entrevista con el Dr. Kenneth Ring.

Kenneth Ring, Ph.D., *Life at Death* — Una Investigación Científica de la Experiencia Cercana a la Muerte, Nueva York, Quill, 1982.

Raymond A. Moody, Jr., M.D., *The Light Beyond,* Nueva York, Bantam Books, 1988.

Kenneth Ring Ph.D., *Heading Toward Omega,* Prólogo por Elizabeth Kübler-Ross.

Michael B. Sabom, M.D., F.A.C.C., *Recollections of Death:* A Medical Investigation, Nueva York, Harper and Row, 1982.

Helen Dukas and Banesh Hoffman, eds., *A Einstein — The Human Side,* Princeton University Press, 1979.

Louis Jacobs, *What Does Judaism Say About —?.* Nueva York, Quadrangle N.Y. Times Books, 1958.

Capítulo 7

Salmo 23:4 *Antiguo Testamento,* Versión del Rey James.

Robert H. Ashby, *The Guidebook for the Study of Psychical Research,* Nueva York, Samuel Weiser, Inc., 1972.

Frederic W. H. Myers a través de Geraldine Cummins, *The Road to Immortality,* Londres, Ivor Nicholson and Watson, 1932.

San Juan 4:16 *Nuevo Testamento:* Nueva Versión Internacional, Nueva York, Sociedad Internacional de la Biblia.

Pierre Teilhard de Chardin, *The Phenomenon of Man,* Nueva York Harper Colophon Books, Harper and Row, 1975.

Sobre el Autor

En 1978 la Universidad Sacred Heart le otorgó al Dr. David Hyatt el premio como Doctor Honorífico en Leyes:

— por su entusiasta compromiso para fortalecer la unidad nacional luchando contra el fanatismo y la injusticia a través del dialogo y la educación...

— por sus esfuerzos para sensibilizar a la comunidad Americana del poder destructivo del prejuicio...

— por su apasionada postura contra la violencia y el terrorismo, la pobreza y la discriminación...

— y por su dinámico liderazgo al intentar unificar a todos los diferentes pueblos del mundo.

Durante casi tres décadas, el Dr. Hyatt sirvió como miembro profesional del personal de una organización dedicada a crear una comprensión interreligiosa, interracial e intercultural dentro de los Estados Unidos y más allá de sus fronteras — el Congreso Nacional de Cristianos y Judíos. Siendo presidente durante nueve años, hasta su retiro en 1982, el Dr. Hyatt encabezó la creciente y expansiva organización educativa a nivel nacional con más de 70 oficinas regionales y un presupuesto anual que se incrementó de $4 millones a $8.5 millones que se elevaron por donativos corporativos y particulares. Estos fondos se invirtieron en congresos nacionales y de la comunidad, institutos, talleres y diálogos que implicaban a la juventud, los profesores, los padres, la policía, los sacerdotes y los líderes financieros, políticos, trabajadores y cívicos por todo Estados Unidos. Desde su inicio, el programa ha sido elogiado por todos los presidentes titulares de los Estados Unidos por su importante contribución a la unidad nacional.

Entre los puntos de referencia del programa bajo su liderazgo se encuentran:

— un programa nacional en favor de la calidad y la integración en la educación en las escuelas públicas con la fundación Ford y el Gobierno de los Estado Unidos H.E.W fundador.

— un programa triple interracial e interreligioso para los jóvenes de la escuela secundaria.

— una serie de excursiones interculturales de Israel, Jordania y Egipto en relaciones en el Medio Oriente Cristianas, Judías y Musulmanas y programas por todo Estados Unidos, con respecto al derecho de Israel para vivir en paz y seguridad en el Medio Oriente.

— una campaña a nivel nacional para pelear en contra del antisemitismo y los actos racistas en incremento, por grupos vocales y militantes KKK y neo-Nazis.

— una serie de seminarios y conferencias anuales a nivel nacional del Holocausto, conduciéndolo finalmente a la Semana Nacional de la Remembranza del Holocausto establecida por Acto del Congreso.

Durante este mismo período, el Dr. Hyatt también estuvo comprometido con muchas otras organizaciones en un papel de dirigente o de aliado. Fue vicepresidente y miembro de la

Junta Directiva del Concilio Interracial Católico. Fue patro-
cinador fundador del Destacamento de Fuerza Nacional
Interreligiosa del Pueblo Judío Soviético y miembro del
Consejo Directivo Nacional de la Liga de la Amistad América-
Israel. Entre sus diversos oficios afines que mantenía, se
incluyen Presidente del Comité de Derechos Humanos para
la UNESCO, por nombramiento del Secretario de Estado,
Dean Rusk.

En 1978 el Dr. Hyatt fue electo presidente del Concilio
Internacional de Cristianos y Judíos por delegados de 15
naciones afiliadas en su junta anual en Viena y en 1980 en
Sigtuna, Suecia fue reelecto por aclamación para un segundo
período.

En el "retiro" del Dr. Hyatt del NCCJ a fines de 1982, el
Presidente Honorario Thomas P. Melady, de la Universidad
Sacred Heart, ahora Embajador de la Santa Sede, en Roma,
Italia, dijo de él, "...David es la personificación del hombre
universal de Teilhard de Chardin que *construye la tierra*. El
ha sido arquitecto, constructor, reconciliador. Bajo su liderazgo, la NCCJ ha entrado al escenario mundial." Y el
recién venerado Nathan Perlmutter, director nacional de la
Liga Antidifamación de B'nai Brith, dijo: "Tu te has atrevido
a ser directo, a tomar posturas en asuntos que algunos rehuyen
por temor a ser considerados *polémicos*, nos has dado fuerza
a todos nosotros..."

Antes de unirse al Congreso Nacional, el Dr. Hyatt estuvo
asociado con la casa de bolsa de Merryl Lynch, Pierce, Fenner
y Smith y también era director de relaciones públicas para la
compañía Hartford de Accidentes e Indemnizaciones del
Grupo de Seguros Hartford. De 1948 a 1950 estuvo en el
profesorado de la Universidad de Cornell. Tiene una Licen-
ciatura en letras de Northwestern y una Maestría en Artes
y doctorado en la enseñanza en la Universidad de Columbia.

Antes de que E.U. entrara a la Segunda Guerra Mundial, avergonzado y enfermo por la barbarie de Hitler y de la Alemania Nazi, en particular por su exterminio de los Judíos, a través del Servicio de Campiña Americano se ofreció de voluntario para servir sin recibir ningún pago, como conductor de ambulancias en el Octavo Batallón Británico y sirvió durante casi dos años desde 1941 hasta 1943, sirvió como teniente en la armada de la Fuerza Aérea de la Marina de los E.U.

El Dr. Hyatt toda su vida tuvo interés en los temas de la vida después de la muerte, impulsado en parte, por sus experiencias con la muerte durante su servicio como conductor de ambulancias en la línea de fuego durante la Segunda Guerra Mundial. El es Colega de la Sociedad Americana para la Investigación Psíquica y este libro es producto de muchos años de investigación esmerada y destacada y una reflexión personal profunda.

Casi todos los hechos citados anteriormente se describen más plenamente en la biografía que escribí de mi esposo, Bonfires at Heaven's Gate, (Seabury Press, 1983). Como esposa y socia del Dr. Hyatt durante muchos años, compartí mis aspiraciones y trabajé muy de cerca con él durante los fervientes años que fue presidente de la NCCJ y durante sus años siguientes de "retiro." Con frecuencia he expresado que nuestros años juntos son como "¡una gran aventura!" Y sigue siendo así.

Lillian L. Hyatt
Julio, 1992

Testimonios

"En la recuperación de mi cirugía y quimioterapia por cáncer, enfrenté mi propia mortalidad con depresión y miedo; entonces al leer su libro *Más allá de la Muerte: La Vida y el Amor,* cada página que seguía trataba con un mundo más allá, iluminando mi espíritu. Ahora siento que tengo una prueba tangible, que con el tiempo me reuniré con mis seres queridos en la siguiente dimensión. Gracias al bellísimo libro del Dr. Hyatt, ahora se que la vida sigue después de la muerte y no tengo miedo."

Sra. Esther Whiting, Ft. Lauderdale, Florida

"Los ricos ejemplos de evidencia psíquica del Dr. Hyatt se ganarán el respeto tanto de los escépticos como de los creyentes. Tiene argumentos muy fuertes e impresionantes para la inmortalidad y la comunicación con la muerte y una contribución importante en ese campo!"

Allan Angoff,
autor de *Eileen Garrett and the World Beyond Senses*

"Mi más profundo agradecimiento por *Más allá de la Muerte: La Vida y el Amor.* Sus maravillosas palabras de consuelo y apoyo durante los tiempos difíciles desde que falleció mi querida esposa fueron una gran bendición para mí. Me tranquilizó tan intensamente que ella aún está viva y que a menudo está conmigo como yo con ella. ¡Este libro es estupendo en todos los aspectos —basado en hechos reales, informativo, alentador y sugerente!''

Dr. Sam Brown,
Director Regional Honorario
del Congreso Americano Judío

''Para aquellos que intentan amoldarse a una vida después de la pérdida de ser querido, *Más allá de la Muerte: La Vida y el Amor* será una ayuda valiosísima. Lo fue para mí... los fascinantes y vívidos ejemplos del Dr. Hyatt de experiencias verdaderas, su forma de presentarlo emocionante y su creencia sincera en el tema se mezclan para crear un caso conmovedor pero documentado y admisible para la vida después de la muerte...''

Sra. Laura Holland, por mucho tiempo líder nacional
de la Cruz Roja Americana, Bronxville, N.Y.

''Nunca me había preocupado por el Cielo porque Cristo dijo, *Voy a preparar un lugar para ti*. Pero desde que leí su libro, el verso *En la casa de mi Padre hay muchas mansiones,* ahora toma un nuevo significado para mi.''

Sra. Margaret Reynolds, ama de casa,
madre de cinco hijos, líder de la iglesia,
Ashtabula, Ohio

''¡Un tratado asombroso!'' Aquí hay revelaciones de aparentes comunicaciones con el Otro Lado documentadas por distinguidos investigadores y llevados a un sólo tomo desde una variedad muy extensa de fuentes. La narración del autor, de sus propias experiencias psíquicas, te llenará tus ojos de lágrimas... Esta es una declaración de un científico brillante que es definitivamente un *creyente*. Pero deja que le advierta al *incrédulo*: que el texto es tan emocionante y convincente —que con su paso deja casi sin aliento —ten cuidado— ¡justamente tú, puedes quedar destruido!"

Roger B. Bernhardt, Ph.D.,
psicólogo, psicoanalista, Ciudad de Nueva York

"Mil gracias por enviarme tu libro después del falleci-miento de Harry. *Más allá de la Muerte: La Vida y el Amor* es tan cierto. Fue de gran ayuda para todos nosotros. Gary, mi hijo mayor quien como sabes es piloto de Northwestern Airlines, dijo que describiste justamente lo que Harry esperaba. Y Frank, mi segundo hijo, dice que él sólo sabe que Harry aún está con nosotros. Tu libro me dio fuerza y se la dio a muchos otros también. Gracias por escribir y por enviármelo."

Sra. Marion Webb, Safety Harbor, Florida

"Cualquiera que crea en la vida después de la muerte debe leer *Más allá de la Muerte: La Vida y el Amor* de David Hyatt. Tiene encanto, fantasía y es una visión fascinante de lo que puede ser la vida después de nuestro breve período en la tierra.

"Como lo señala el Dr. Hyatt, algunos de nuestros más grandes poetas, escritores, genios de la música, filósofos, aviadores, científicos e inventores, desde hace mucho han tenido la sensación de que hay vida después de la presente —y Edison, Brahms, Kant, Maimonides, William James, Sir Oliver Lodge, Conan Doyle, RFA Cap. Raymond Hinchliffe, Albert Payson Terhune y muchos otros hablan claro en este libro, dándonos sus fascinantes percepciones de nuestra vida después de esta vida.

"En otro capítulo que no podrás dejar, él explora el fenómeno y el misterio espiritual de la "Experiencia Cercana a la Muerte." Al yo mismo haber sobrevivido a una ECM y sido testigo del testimonio de ECM de algunos de mis pacientes, personalmente puedo corroborar los descubrimientos en esta presentación emocionante.

"Igualmente absorbentes son sus propias experiencias psíquicas mientras fue soldado en la Segunda Guerra Mundial. Sus percepciones personales son profundamente desafiantes y su forma de escribir ligera e incisiva hace que sea una lectura placentera y fácil. Su libro me dio una sensación de euforia, de entusiasmo cuando lo terminé. Léelo. ¡Te encantará! A mi me encantó."

Robert Blaine, M.D.

internista, Ciudad de Nueva York

"Inolvidable, hace quince años bajo una gran tensión y cerca de la muerte, vi la *luz blanca* y una vista parcial de lo que hay más allá —varios de mis familiares que habían fallecido estaban espe-rándome— recuerdo haber suplicado que no estaba lista, todavía tenía cosas que hacer... En su libro, el Dr. Hyatt comprende esa experiencia y se ha sacado la finalidad de la palabra *muerte* porque él sabe —como yo se por mi propia experiencia inolvidable— que nuestra vida y nuestro amor no tiene un final después de la muerte... ¡Escribió un libro, sensible y maravilloso!"

Julie Small, Nueva York, N.Y.

"Como escéptica, al principio leí el libro con fastidio y una actitud de *demuéstrame*. Pero después el escepticismo parecía que perdía sus bases y la credibilidad empezó a reemplazarlo. Me encontré cautivada por la novedad del material y por cierto, el libro fue escrito contando cada historia tan cariñosa y elocuentemente... No puedo decir que estoy convencida pero diré que si alguna vez encontré una tesis creíble, esta me llevó al borde."

Sra. Sylvia Reback
líder de la comunidad, San Francisco, CA

"Haciendo una referencia como antigua bibliotecaria, escritora y editora, estoy impresionada por la investigación y los conocimientos de *Más allá de la Muerte: La Vida y el Amor*. Es una obra con un nivel muy elevado y estoy segura que otros lectores la encontrarán tan fascinante como a mi me pareció. Aunque ya conocía las obras de Raymond Moody y de otros autores citados, el Dr. Hyatt me dio nuevas vías que explorar y percepciones frescas que considerar. En particular aprecié sus experiencias psíquicas personales y sus exploraciones de la consciencia superior. Cualquiera que busque consuelo por la perdida de un ser querido —y prácticamente eso nos incluye a todos nosotros... ¡encontraremos que el libro del Dr. Hyatt es un consuelo y una bendición!"

Sra. Mary Lou Tipton
Memphis, Tennessee

"¡Descubrí que el libro no sólo es sumamente comprensible sino verdaderamente fascinante! Tiene argumentos muy fuertes de la vida después de la muerte. Me impresionó especialmente, toda la gente famosa incluyendo científicos, que apoyan esta tesis. Mi creencia personal en el futuro se aclaró bastante y se fortaleció."

Ralph Owen, artista, ilustrador
director de arte retirado de la agencia nacional de publicidad,
Clifton, Nueva Jersey

"Como usted sabrá, fui llevada, casi desde mi nacimiento, a un orfelinato Católico. Antes de leer su libro siempre había pensado en la muerte con gran incertidumbre y un miedo terrible. Ahora una sensación de paz ha sustituido ese miedo y tengo un sentimiento de alegría por donde pueda ir después de mi tiempo en la tierra. Pero lo más importante de todo, es que ahora creo que algún día me reuniré con mis seres queridos y en especial con mi madre y con mi padre a quienes nunca vi. Ahora nunca me sentiré sola o aislada otra vez.

"Estoy fascinada con la idea de interesarnos por nuestros seres queridos en el Otro Lado y con la idea de que aún están muy vivos y nos aman y se preocupan por nosotros. Y estoy emocionada por poder imaginar por primera vez como podría ser la vida en la siguiente dimensión."

Sra. Henrietta Alexander, secretaria ejecutiva
Manchester, Connecticut

"Como clérigo he estado parado a un lado de la tumba con muchos queridos familiares, intentando darles consuelo y comprensión mientras se separan de la compañía de un ser querido. ¿Habrá alguna reunión en el Otro Lado y si es así, que forma tomará?

"Mi amigo de toda la vida, el Dr. David Hyatt, lucha con estas preguntas inevitables en su libro intrigante, *Más allá de la Muerte: La Vida y el Amor*. Observando las grandes afirmaciones de las religiones vivas más importantes del mundo, él comparte con nosotros muchas experiencias místicas conmovedoras, tanto personales como las grabadas por otros, entre los vivos y los llamados *muertos*.

"Comparto con el Dr. Hyatt la fuerte creencia en la inmortalidad, en particular en su influencia en la vida aquí y ahora y le recomiendo su libro, a cualquiera que esté buscando una respuesta sobre inmortalidad de la humanidad, así como a cualquiera que sea creyente pero que todavía quiera apoyar su confianza básica en la vida después de la muerte."

Dr. Peter Mellette,
Ministro Bautista, líder ecuménico
Richmond, Virginia

"En *Más allá de la Muerte: La Vida y el Amor*, David Hyatt ha dado un gran salto fuera de la tanatología convencional, para darnos una visión fascinante dentro del espiritualismo y aún más importante, en la espiritualidad. Su texto no sólo es comprometedor, sino que revela la innata sensibilidad del autor y su amor básico por la humanidad. Aquí la muerte ha perdido su mordacidad se convierte en un tema que puede ser contemplado sin miedo o inquietud. Su tesis es fascinante, como lo es la documentación que ha reunido esmeradamente de muchas fuentes admirables... Con un interés insólito tanto para el científico como para el lector en general."

Raphael Reider, M.D.
San Francisco, CA

"¡Que gran revelación podría ser para todos los eruditos de la esfera científica leer su libro, Dr. Hyatt! Su descripción de la vida después de la muerte en *Más allá de la Muerte: La Vida y el Amor,* utilizando las fuentes con una integridad intachable, es tan fascinante, claro y conciso que impresionaría hasta a los más escépticos. Personas de tal capacidad científica intachable como Sir Oliver Lodge, Sir Arthur Conan Doyle, Sir William Crooks, desde hace mucho han señalado el camino para una investigación seria y objetiva en los reinos místicos. El trabajo del Dr. Raymond Moody, Dr. Kenneth Ring y Elizabeth Kübler-Ross también indicaron el despertar de un interés en los que tienen una mente científica. ...¡Su libro debe estar en la lista de lecturas de todos los que estén buscando la verdad y la libertad de los errores de una ideología añeja y un dogma rígido en relación con la vida después de la muerte!"

Rev. Donald H. Haddick
Pastor de la Iglesia Espiritualista Golden Gate de San Francisco
Presidente de la Asociación de Iglesias Espiritualistas
en California

"¡Fue un placer leer este libro! Los testimonios de tanta gente talentosa y dedicada me dio una maravillosa sensación de conocimiento de lo que puede ser la vida en el Otro Lado. Las experiencias personales y las conclusiones del Dr. Hyatt, para mi también fueron interesantes y fascinantes. Espero ansiosamente compartir este libro con otras personas ...llena un anhelo muy especial en el interior de todos con una afirmación de la esperanza de la *vida eterna.* Este libro es un testimonio precioso para esa misma gran esperanza!"

Sra. Vera L. Voight, Programa Residencia de Ancianos
Universidad Estatal en San Francisco

"Que libro tan estimulante y que hace pensar —¡no sólo increíblemente bien investigado y espléndidamente prepa-rado, sino que está escrito de una manera maravillosa y es espiritualmente ilustrativo! ¡Que placer tan reconfortante fue leer tanto optimismo y fe sobre nuestra vida en el más allá, respaldado con una evidencia contundente para demostrarlo! Le dará una nueva esperanza a muchas personas que de otro modo podrían sentir desesperación con su *muerte.*"

Sally Bingham. San Francisco

"¡Un libro fascinante! Cualquier escéptico debería y podría reconocer alegremente su prueba convincente de la vida en otra dimensión. El Dr. Hyatt ha expuesto con habilidad y dramatismo un dialogo admisible y documentado entre personas ilustres y sus seres queridos que partieron. Y la magnitud de su investigación con seguridad encenderá el interés para que muchos exploren personalmente el misterio de *la vida y el amor después de la muerte.*"

Sra. Evelyn Kirschenbaum,
líder de la comunidad. Compras, N.Y.

Reconocimientos

Muchas Oraciones Contestadas

Mis cinco hijos(as) y sus esposos(as) se volvieron un verdadero club de admiradores del libro. Por su apoyo alentador, le estoy afectuosamente agradecido a: Ellen Cleve Hyatt, Caroline y Peter Parkhurst, Larry y Dianne Richards-Reiss, Ellen M. y Martin J. Silverman y Ann y Geoffrey Hyatt-Smith.

Por su elogioso apoyo personal de mi texto inicial, mi más profundo respeto a tres miembros distinguidos de la profesión médica y cinco extraordinarios dirigentes del clero — todos ellos son amigos estimados: Dr. Roger B. Bernhardt, psicólogo, psicoanalista y escritor en Nueva York; Dr. Robert Blaine, internista, Nueva York; Dr. Donald H. Haddick, pastor de la Iglesia Espiritualista Golden Gate en San Francisco; Dr. Peter Mellette, Vicepresidente Honorario de la Federación Nacional de Cristianos y Judíos; Dr. Raphael Reider, cardiólogo y nuestro querido doctor de la familia, San Francisco; El Reverendísimo, John S. Spong, Obispo de la Diócesis Episcopal de Newark, N.J.; y el Dr. Carl Herman Voss, ministro Protestante, dirigente ecuménico y escritor.

Con un presentimiento intuitivo, le envié por correo a Allen Spraggett, escritor con William V. Rauscher la primera copia de mi texto terminado de *El Hombre Que Habló Con La Muerte,* preguntándoles que reacción tuvieron. Cuando les hablé por teléfono una semana después, él contestó, "Acabo de leerlo de cabo a rabo en una sentada —No pude dejarlo. Estará muy solicitado. No te des por vencido con ello —¡se publicará!" Siempre le estaré agradecido a Allen Spraggett por su entusiasta "¡luz verde!"

Le envié copias al Dr. Raymond A. Moody, al Dr. Kenneth Ring y al Dr. Michael B. Sabom para que verificaran la fidelidad de mi relato sobre su investigación pionera que fundamenta "la experiencia cercana a la muerte." El Dr. Ring y el Dr. Sabom de inmediato aprobaron mi texto con respecto a su trabajo y el Dr. Ring generosamente expresó su admiración por el contenido del libro. Como no pude comunicarme con el Dr. Moody ni por correo ni por teléfono durante un período de cuatro meses debido a su enfermedad, el Dr. Stanley Krippner, vicepresidente de la Sociedad Americana para la Investigación Psíquica y Director del Centro para Estudios de la Consciencia en el Instituto Saybrook en San Francisco, amablemente lo localizó para mi. El Dr. Moody, ahora en el profesorado de la Universidad Estatal de West Georgia, entusiastamente aprobó el texto y me recomendó a John White como un probable agente literario, un paso crucial en la publicación de mi libro. A estos cuatro apreciables científicos también les estoy agradecido por su valiosa ayuda.

Quiero reconocer la ayuda de las espléndidas bibliotecas de la sociedad Americana para la Investigación Psíquica, la fundación de Parapsicología, la Universidad de San Francisco, la Universidad Estatal de San Francisco y el fantástico

trabajo del Sistema de Préstamo Inter-Editorial que me permitió tener acceso a una inestimable cantidad de ejemplares.

Quiero agradecer particularmente a James G. Matlock por
su espléndida ayuda mientras era Bibliotecario de la Sociedad
Americana para la Investigación Psíquica al verificar la
fidelidad de muchos detalles históricos. También quiero agra-
decerle al encargado actual de la Sociedad Americana para la
Investigación Psíquica John La Martine por su valiosa ayuda.
Además estoy agradecido con Wayne Norman, que mientras
fue encargado de la biblioteca de la Fundación Parapsicoló-
gica abrió los extensos recursos de la biblioteca de la Fundación
para mí y también por pedirle a la Sra. Eileen Colby presidente de la Fundación, que verificara la fidelidad del capítulo
referente a su madre, la gran psíquica médium Eileen Garrett.
La Sra. Colby amablemente comentó que todos aquellos que
se lamentaran por la pérdida de un ser querido, "acogerían la
riqueza de la información de este libro."

También quiero expresar mi más profundo agradecimiento a más de cincuenta amigos y a otras personas atentas
y generosas que vieron previamente mi manuscrito, hace más
de tres años y me ofrecieron no sólo su ánimo sino sus testimonios personales. Este grupo diverso de gente de todas las
profesiones, posiciones, clases y condiciones sociales cuyo
común denominador era nuestra amistad, en algunos casos
encontraron el texto "fascinante," "alentador" y unos cuantos que habían pasado por la pérdida de un ser querido "un
gran consuelo," "una nueva fuente de esperanza" y "una
valiosa ayuda para mí."

Estas valiosas personas las nombro con mis más afectuosos
agradecimientos: Henrietta Alexander, Theresa Alexander,

Martha y Leonard Aries, Gregory Bernhardt, Sally Bigham, Doris Blaine, Dr. Sam Brown, Arthur Colton, Dora y Robert Cox, Katherine Dietzel Cox, Paige Satorious Dietz, Kitty y Bud Ebbert, Donald Fassett, Georgean Heller, Laura Holland, Hudson Hyatt, Dr. Rex Hutchins, Robert Jones, Evelyn y Henry Kirchenbaum, Frances Lana, Sheila y Jacinto Marrero, Dr. Susan Mellette, Lili y Ralph Owen, Sylvia Reback, Freda Reider, Gerald Renner, Margaret Reynolds, Manny y Ruth Rosen, Julia Small, Terry Sellard, Dr. Robert W. Siebenschuh, Janet y Richard Smith, Jeffery Spence, Charlotte Teller, Mary Lou y William H. Tipton, Peggy Tom, Victoria Trostel, Arlene Tucker, Marion Webb y la maravillosa familia Webb, Esther y Russell Whiting y Gerhard Winkler.

Alfred Lord Tennyson una vez escribió, "Se han producido más cosas por la oración, de las que el mundo pueda imaginarse." A mí me parece que este libro no sólo sucedió. Más de cien personas extraordinarias estuvieron implicadas en este desarrollo. ¡Que Dios los bendiga a todos y cada uno por su valiosa ayuda!

Indice

Ahora tenemos evidencias de que la muerte simplemente es una graduación de la vida terrena a una vida más bella en un plano más elevado.

Soldado, hijo del eminente científico Sir Oliver Lodge, después de su muerte en Flandes le asegura a su familia que tiene una vida feliz en el Otro Lado.

Sir Arthur Conan Doyle revela algunas respuestas fascinantes de la siguiente pregunta, "¿Como es la vida en el Otro Lado?" basadas en cuarenta años de investigación psíquica con casos auténticos y bien documentados.

TÍTULOS DE
ESTA COLECCIÓN

Impreso en los talleres de
Offset Libra
Francisco I. Madero No 31
Col. Iztacalco C.P. 08650
Tel. 590-8269
México D.F.